염불, 정토에 왕생하는 길

염불경念佛鏡 역주

염불, 정토에 왕생하는 길

도경道鏡·선도善道 著
이태원李太元 譯著

운주사

머리말

　내가 『염불경』과 처음 인연을 갖게 된 것은 일본에서 유학하면서 박사학위 논문을 쓰기 위하여 자료를 수집할 때였다. 책을 보면서, 염불하는 사람이 마음에 간직해야 할 여러 가지 내용이 열거되어 있는 것을 보고 언젠가는 반드시 번역하여 널리 읽혀 많은 사람들을 염불과 인연 맺게 해야겠다고 다짐한 적이 있다.
　귀국한 뒤 몇 차례 한글본을 만들어 법보시를 하다가, 2003년에 『염불, 정토에 왕생하는 길』이라는 책명으로 출판하였다. 이번에 출판사에서 보기 좋고 이해하기 쉽게 다듬어 개정판을 만든 것에 감사를 표한다.
　이 책은 원문과 번역과 주석에 이어 해제의 앞부분에서는 저자와 저술 연대에 대해 알아보고, 다음에 이 책의 중심적인 염불사상이 무엇인가를 논해 보았다.
　이 두 가지는 이미 졸저 『염불의 원류와 전개사』에서 논한 것을 다시 한 번 다듬어 본 것에 불과하다. 원문 번역은 직역보다는 의역에 중점을 두었는데, 미약한 부분이 많을 줄 안다. 많은 이들의 질정을 바란다.
　부처나 보살이 될 수 있는 원동력은 서원이다. 그리고 서원의 본질은 대자비심에서 비롯된다고 보아도 과언이 아니며, 이 대자비심은 고통 속에서 헤매고 있는 사람들을 구원하는 것이 주다. 이 대자비심을 입기 위한 행위가 바로 염불이다.

이 책은 염불의 공덕은 어떤 것이고, 다른 수행과는 어떤 차별이 있으며, 염불을 어떻게 해야 되는가 등을 명료하게 이야기하고 있으므로 정토행자를 위한 지침서가 되어줄 것이라고 생각한다.

이 책을 보는 사람은 이 시대가 어느 시대이고, 자기가 어떤 능력을 가지고 있는가를 잘 살펴 이에 맞는 길을 찾아야 할 것이다. 이 길이 바로 염불법이니 이로 인해 끝없는 생사의 바다에서 벗어나 불퇴전의 지위에 올라 영원한 삶을 누리며 무생법인을 증득하기를 바란다.

끝으로 조그마한 바람이 있다면, 속가 부모님의 은혜 속에 자란 20여 년을 제외하고는 출가하여 50년이 넘게 줄곧 부처님 제자로 살면서 많은 분들로부터 시은만을 입어 왔는데, 이 책이 그 은혜에 대한 작은 보답이라도 되기를 바란다.

불기 2561(2017)년 6월
法寶宗刹 海印寺 念佛庵 白蓮室에서
西舟 太元 識

머리말	5
염불경 서문 ❶	9
염불경 서문 ❷	14
염불경 서문 ❸	16
서언	21
1. 염불로 나아가기를 권하는 문	26
2. 자력문과 타력문	45
3. 염불하여 이익을 얻는 문	54
4. 이미 왕생한 사람을 밝히는 문	64
5. 공덕을 비교하여 헤아려 보는 문	68
6. 재의 복을 헤아리는 문	83
7. 의심하여 비방하면 죄를 얻는 문	87
8. 서원하여 증득하기를 가르치는 문	93
9. 널리 다른 모든 가르침을 거두는 문	104

10. 여러 가지 의혹을 해석하는 문　　108
　　1) 염불과 삼계교를 비교하는 문　　116
　　2) 염불과 미륵을 비교하는 문　　130
　　3) 염불과 좌선을 비교하는 문　　139
　　4) 염불과 강설을 비교하는 문　　146
　　5) 염불과 계율을 비교하는 문　　151
　　6) 염불과 육바라밀을 비교하는 문　　159

11. 염불하여 삼계를 벗어나는 문　　167

하루 12시에 닦는 서방 극락세계 법　　201

서방을 닦기를 권하는 열 가지　　205

임종정념왕생문　　209

『염불경』 해제　　217

염불경 서문 ❶

무위자 양걸[1] 씀

애욕이 무겁지 않으면 사바에 나지 못하고, 염불이 한결같지 않으면 극락에 나지 못한다. 사바는 더러운 땅이요, 극락은 깨끗한 땅이다. 사바의 수명은 한량이 있으며, 저 정토의 수명은 한량이 없다. 사바는 여러 괴로움이 갖춰져 있으나 저 정토는 안양(安養: 극락)으로 어떠한 괴로움도 없다. 사바는 업에 따라 생사를 윤회하지만 저 정토에 한 번 왕생하면 영원한 무생법인을 증득한다. 만약 중생을 구제하기를 원하면 어떤 업에도 얽매이지 않고 자유자재할 수 있다. 그 깨끗함과 더러움, 수명의 양, 괴로움과 즐거움, 삶과 죽음이 이와 같은 차별이 있다. 그런데 중생은 이에 어두워 알지 못하고 있으니, 어찌 슬프지 않은가!

---

[1] 중국 북송시대의 거사이며, 생몰연대는 정확히 알 수 없다. 자는 차공次公, 호는 무위자無爲子이며, 중국 안휘성 무위無爲 출신이다. 어려서 과거에 급제하여 여러 관직을 역임하였고, 불교의 선종에도 조예가 깊으며 특히 방거사의 사상을 좋아했다. 희녕년간(1068-1077) 말에 모친이 병이 들자 고향에 갔다가 대장경을 보다가 정토에 귀의하여 정토관계의 저서를 남겼다.

아미타불께서는 중생을 섭수(攝受: 거두어 받아주심)하시는 교주이시고, 석가여래께서는 중생을 정토로 인도하시는 스승이시다. 관세음보살과 대세지보살께서는 부처님을 도와 교화를 펼치시는 분들이시다. 이런 까닭에 여래께서 한평생 가르치신 경전 곳곳에서 고구정녕하게 왕생을 권하고 있다. 아미타불과 관세음보살, 대세지보살께서는 큰 원력의 배를 생사의 바다에 띄워 타시고는 이 언덕(사바)에도 집착하지 않으시고 저 언덕(정토)에도 머물지 않으시며 중간에도 멈추지 않으시면서 오직 중생을 제도하시기를 불사로 삼으신다. 이런 까닭에 『아미타경』에서는 이렇게 말씀하셨다.

"만약 선남자 선여인이 아미타불에 대한 명호를 듣고 굳게 지니면서 하루나 이레 동안 한결같은 마음이 흐트러지지 않으면 그 사람은 목숨이 마치려고 할 때에 아미타불과 여러 성인의 무리들이 그 앞에 나타나시나니, 이 사람은 목숨이 마칠 때 마음이 뒤바뀌지 않고 곧바로 극락국토에 왕생하게 되느니라."

또 경(『무량수경』 상권 제20원)에서 이렇게 말씀하셨다.

"시방의 중생들이 나의 명호를 듣고 나의 나라를 생각하며, 여러 가지 공덕의 뿌리를 심고 지극한 마음으로 회향하여 나의 나라에 왕생하기를 바라는데도 뜻하는 결과를 이루지 못한다면 정각을 취하지 않겠나이다."

그래서 기원정사의 무상원(無常院: 임종을 앞둔 스님들이 기거하는 곳)에서는 병자들로 하여금 서쪽을 바라보고 정토에 왕생하기를 생각하도록 했던 것이다.

무릇 아미타불의 광명은 우주법계에 두루하시어 염불하는 중생은 누구나 가리지 않고 다 거두어들이신다. 성인(부처님)과 범부는 한 몸이어서 범부의 기(機: 근기, 범부가 부처님께 기구하고 염불함)와 성인의 감(感: 부처님이 중생의 기도에 감응하심)이 서로 응하는지라, 모든 부처님 마음 안에서는 중생은 티끌마다 극락이요, 중생 마음 안의 정토는 생각마다 아미타인 것이다.

내가 이로써 보건대 지혜로운 자가 왕생하기 쉬운 것은 의심을 끊을 수 있기 때문이요, 선정을 닦는 자가 왕생하기 쉬운 것은 산란하지 않기 때문이요, 계를 지니는 자가 왕생하기 쉬운 것은 온갖 더러움을 멀리하기 때문이요, 보시를 베푸는 자가 왕생하기 쉬운 것은 나(我)가 있지 않기 때문이요, 인욕하는 자가 왕생하기 쉬운 것은 성내지 않기 때문이요, 정진하는 자가 왕생하기 쉬운 것은 뒤로 물러나지 않기 때문이요, 선과 악에 집착하지 않는 자가 왕생하기 쉬운 것은 생각이 순일하기 때문이요, 이미 여러 악을 지어 업보가 이미 나타난 자가 왕생하기 쉬운 것은 진실로 두려워하고 부끄러워하기 때문이다. 비록 온갖 선을 갖추었다 해도 만약 진실하게 믿는 마음이 없고, 깊이 믿는 마음이 없으며, 회향 발원하는 마음(삼심: 지성심, 심심, 회향발원심)이 없는 사람이라면 상품상생에 왕생할 수가 없다.

아! 아미타불 명호는 매우 지니기 쉽고 정토는 매우 왕생하기 쉬운데도, 중생이 명호를 지니지 못하여 왕생하지 못한다면 부처님이라 해도 이 중생을 어쩌시겠는가? 무릇 악업을 지으면 악도에 떨어지고, 아미타불을 염하면 극락에 왕생하나니 이 두 가지는 모두 부처님의 말씀이시다. 세상 사람들은 지옥에 떨어지는 것을 두려워하면서도 극락왕생은 의심하니, 이 또한 미혹됨이 아니겠는가? 동진의 혜원법사께서는 당시의 뛰어난 선비 유유민 등과 함께 여산에서 백련결사를 한 것은 대개 여기(극락왕생)에 정성을 다 쏟은 것이다. 그 후로 700년 동안 승려와 재가자들이 염불을 닦아 감응을 얻은 이들이 한둘이 아니다. 이는 모두 정토전기에서 볼 수 있으니 어찌 거짓말이겠는가?

그런데 아미타불의 가르침을 보고 찬탄하여 보조하는 책들이 산처럼 쌓였지만, 오직 선도대사의 『염불경』 11문이 가장 으뜸이 된다. 성인의 말씀을 인용하여 여러 의혹들을 해결하여 풀어주니, 마치 만년 동안 어두웠던 방에 햇빛이 닿으면 단박에 밝아지는 것과 같고, 천리나 되는 물길에 배를 마련해 띄우면 자기의 힘을 들여 애쓰지 않아도 되는 것과 같다. 법장보살의 후신이 아니라면 이런 경지에 이르지 못할 것이다.

양걸(글쓴이)은 얼마 전에 수도(북송의 수도 개봉開封인 듯)에서 이 법문을 얻었는데, 읽고 나서는 믿음이 생기지 않을 수 없었다. 또한 스스로 혹독한 벌을 받고 있었기에 느끼고 깨달은 바가 더욱 깊었다. 그래서 이 법문을 널리 전하고자 서문을 쓴다.

북송 신종神宗 희녕熙寧 9년(1076) 음력 8월(仲秋)에 (무위자가) 쓰다.

염불경 서문 ❷

명나라 때 운서 연지대사께서 『죽창이필竹窓二筆』에서 말씀하시기를, "도경, 선도 두 스님이 『염불경』을 지었다. 여기에서 염불과 갖가지 법문을 대조하고서는 단언하여 말하기를 '염불의 공덕과 비교하자면 백천억 분의 일에도 미치지 못한다'라고 하였다. 명확하게 밝혀 믿음을 돈독하게 해주었으니 정토에 큰 공이 있다고 말할 수 있다! 또한 선종과 대조하는 독립적인 한 장(제10장-3)에서 말하길 '마음을 관하고 무생을 관하는 것 역시 염불의 공덕과 비교하자면 백천억 분의 일에도 미치지 못한다'라고 하였다."

배우는 사람이 의심하겠기에 내가 바로잡아 주겠다. 「사료간」에서 말한, 이른바 "선이 있고 정토가 없는 것(有禪無淨土者)"이 이것이다. 단지 마음을 관하는 것만 집착하여 극락정토가 있음을 믿지 않고, 단지 무생에만 집착하여 정토에 왕생하는 것을 믿지 않는 것은 바로 마음이 곧 정토(即心即土)임을 통달하지 못하고 왕생이 곧 무생(生即無生)임을 알지 못하는 것으로, 편벽된 공(偏空)의 견해일 뿐 원돈圓頓의 선이 아니다. 차라리 비록 성품의 이치에는 크게 밝지 못하더라도 염불하여 삼매를 성취한 것만 못하다. 그러니 어찌 탓하겠는가? 만약 마음을 관하여 오묘한 자기 마음을 깨닫고 무생을 관하여 무생인을 증득하면 이것은 바로 염불인의 상품상생과 동일한 경지이니, 또한 누가 우열이 있다고 하겠는가!

고본에 말하길,
(오대십국 때 거란[要遼] 도종의 연호(淸寧)이자 대송大宋의 4대 황제 인종 가우 제4년에 해당하는)
청녕 5년(1059) 기해 맹추(孟秋, 음력 7월)에 월명생月冀生 일엽一葉이 기록하다.

봉성주(奉聖州, 현재 하북河北 탁록涿鹿) 창의사 앞 동오대 임단대덕臨壇大德 홍율사문弘律沙門 법광法廣이 상세히 교감하다.

숭섭대부崇攝大夫 검교撿挍, 태보太保 원교대사圓敎大師 사자賜紫 사문 지소知昭가 상세히 교감하다.

염불경 서문 ❸

무릇 염불삼매는 온갖 형상을 비추는 밝은 거울과 같고 팔만사천법문은 마치 그 형상의 그림자와 같다. 삼승과 오승이 이를 좇아 들어가 증득하니, 아마 해장海藏의 지극한 요체이며 진리로 나아가는 묘한 문이다. 마치 어머니가 자식을 알아보고 수호함과 같으며, 근본을 알면 지말을 알게 되는 것이 벼리를 당기면 그물의 구멍구멍이 다 움직이는 것과 같으며, 옷을 잡아끌면 실 가닥가닥이 모두 딸려오는 것과 같다!

그런 까닭에 『화엄경』에서는 사자의 힘줄로 거문고의 줄을 만들어 그 소리를 한번 연주하면 모든 다른 악기의 줄이 끊어져버리는 것에 비유하였다.

세간의 일반 스승들은 아미타불을 경멸하고 편벽되게 (관음)보살을 권하며 다라니를 지니고 선정을 닦게 하지만, 이는 매우 심하게 잘못된 것으로 서방의 바깥에 따로 관세음보살의 국토가 없다. 구품으로 인도하시고 연화대를 들어 올려 형상을 묘하게 보이는 것은 '이 마음이 부처'임을 설한 것이다.

이런 까닭에 백장(百丈懷海, 749~814)선사와 영명지각(智覺, 永明延壽. 904~975)선사 등께서 모두 정토를 주창하며 나란히 염불을 권하셨으니, 그 말씀들이 만 권으로 쌓여 있고 책들은 나라 안에 가득하다.

특별히 정토를 경멸하는 자들을 위하여 금화살을 준비해 놓았으니, 그것은 오직 두 스님의 『염불경』이다! 11개의 문으로 나누어 온갖 근기를 인도하였다. 의문을 두세 가지로 세워 온갖 의혹을 소탕하였으니 바로 각박한 세상에서 염불은 보배거울이요, 사중(비구, 비구니, 우바이, 우바새)의 마음을 편안케 해주는 꽃다운 집인 것이다!

이런 까닭에 운서대사께서는 이 책을 깊이 마음에 새기시고는, '명확하게 해설하여 믿음을 돈독하게 해주면서 정토에 큰 공덕이 있다'고 찬탄하시었다. 일찍이 논박할 말이 없음에도 오히려 편견을 드러내는 것은 잘못된 일이다!

예전 판각에는 잘못된 것이 많아서 지금 국환사본(國歡寺本: 국환사는 복건성 포전莆田에 있는 절)을 얻어 전적으로 이에 따라 바로잡는다. 다만 양걸의 서문이 여기에 전용된 것이 의문스럽다. 재교정본에 대해 동지들께서 어진 말씀을 해주시고, 이를 다함없는 곳까지 전하여 다함께 일체지(薩雲, 薩婆若)의 바다로 들어가기를 바라고 기도할 뿐이다.

때는 연보원년(延寶²元年, 1674) 계축癸醜 섣달 초 강동(江東, 도쿄)에 거주하는 벗 대곡문인大穀門人 아무개 쓰다(某志).

---

2 연보延寶: 일본 강호江戸 시기 영원천황靈元天皇의 연호.

念佛鏡[*]
염 불 경

沙門 道鏡 · 善道 共集
사문 도경   선도 공집

*원문은 '念佛鏡本'으로 되어 있으며, "국환사 승려 여현如賢이 받들어 새기고, 계를 받은 제자 임사유林士瑜가 쓰다(国欢寺僧 如贤刻奉戒弟子 林士瑜书)"라고 부기하고 있다.

서언

詳夫圓成至覺 盡智海以無方 普應群機 破迷山而有
상부원성지각　진지해이무방　　보응군기　　파미산이유

路 慈音遍演 親聞者道證三空 妙義齊分 入信者心明
로　자음변연　친문자도증삼공　　묘의제분　　입신자심명

八諦 施頓 漸之五乘 接聖 凡之二類
팔제　시돈　점지오승　접성　범지이류

원성지각圓成至覺[1]은 지혜의 바다를 다 이루어 모나지 않게 널리 중생의 근기에 응하여 미혹의 높은 산을 깨뜨리는 길이며, 자비스런 음성으로 두루 베풀기에 이 소리를 친히 듣는 사람은 진리인 세 가지 공空[2]을 증득한다. 그리고 이 묘의妙義의 진리를 믿는 사람은 마음속에 팔제八諦[3]가 밝아진다. 돈점(頓漸: 돈교와 점교)의

---

1 원성지각圓成至覺: '원만하게 이룬 지극한 깨달음'으로, 부처님이 크게 깨달은 대각(大覺)을 말한다.
2 세 가지 공(三空): 첫째 아공(我空, 人空)이란 나라고 하는 생각인 아견我見에 의해 인식된 나는 존재하지 않는다는 것, 즉 유정들의 개체 가운데는 실다운 내가 없다는 것이고, 둘째 법공法空이란 모든 것은 인연에 따라 생기는 것이므로 일체 존재 자체가 공하다는 것이며, 셋째 구공(俱空, 空空)이란 아집我執과 법집法執 두 가지를 모두 여의고, 다시 아공과 법공까지를 모두 버려 비로소 모든 법의 본성에 계합하는 것을 말한다.

오승五乘[4]을 베풀어 범부와 성인 등 두 부류를 접인한다.

識其道者 便登常樂之鄕 迷其旨者 永溺輪廻之域 是
식기도자 변등상락지향 미기지자 영닉윤회지역 시
以如來隨機授道 直指西方 開極之法門 顯慈尊之名
이여래수기수도 직지서방 개극지법문 현자존지명
號 故乃人 天共仰 凡聖同歸
호 고내인 천공앙 범성동귀

이 진리를 아는 사람은 곧바로 항상 즐거운 고향으로 돌아가지만 이 진리를 모르는 사람은 영원히 윤회의 굴레에 빠진다. 이런 까닭에 여래께서는 중생의 근기에 따라 도를 베푸시니, 바로 서방西方을 가리키고 극락 법문을 여시어 자존(慈尊: 아미타불)의 명호를 드러내셨다. 그렇기 때문에 이 세상 사람과 하늘 사람들이 함께 우러르고 범부와 성인이 같이 귀의하는 것이다.

---

3 팔제八諦: 법상종에서는 세속제世俗諦를 네 가지로 분류하고, 승의제勝義諦도 네 가지로 분류하여 모두 여덟 가지의 진속팔제眞俗八諦를 말하고 있다. 세속제의 네 가지란 ①세간世間세속제, ②도리道理세속제, ③증득證得세속제, ④승의勝義세속제를 말한다. 승의제의 네 가지란 ①세간승의제, ②도리승의제, ③증득승의제, ④승의승의제를 말한다. 한편 삼론종에서는 팔제를 범부가 이해하는 유작사제(有作四諦: 生滅四諦)와 보살이 이해하는 무작사제(無作四諦: 不生滅四諦)로 나누기도 한다.
4 오승五乘: 인승人乘, 천승天乘, 성문승聲聞乘, 연각승緣覺乘, 보살승菩薩乘을 말한다.

入華藏之要津 證泥洹之疾徑 行門省略 功德甚深 自
입 화 장 지 요 진　증 니 원 지 질 경　행 문 성 략　공 덕 심 심　자

古名賢盡依念佛 慧持 慧遠壽終 寶蓋迎將 道綽 道
고 명 현 진 의 염 불　혜 지　혜 원 수 종　보 개 영 장　도 작　도

珍命盡 仙雲引去 或男 或女現祥瑞者 一一難陳 若
진 명 진　선 운 인 거　혹 남　혹 녀 현 상 서 자　일 일 난 진　약

僧 若尼感慈光者 重重無盡 傳記具明 不勞廣錄
승　약 니 감 자 광 자　중 중 무 진　전 기 구 명　불 로 광 록

연화장세계로 들어가는 중요한 나루터이자 열반을 증득하는 빠른 길이며, 수행의 문은 간단하나 공덕은 깊고 심오하다. 그래서 예로부터 이름 있는 현인賢人들이 다 염불에 의지하였다. 즉 혜지慧持나 혜원慧遠 같은 사람은 목숨이 다할 때 부처님이 보배스런 일산으로 맞이하였고, 도작道綽과 도진道珍은 목숨이 다하려고 할 때 상서로운 구름이 와 맞이하였다. 이 밖에 남자나 여자들에게 상서로운 일이 일어난 것을 하나하나 열거하기가 어렵고, 또 비구나 비구니들이 자비스런 광명을 감득한 것이 아주 많아 다 말할 수 없다. 여기서는 전기에 두루 밝힌 것들을 다 기록하지 않겠다.

今念佛鏡者 照明念佛之人 永斷疑惑者也 依之奉行
금 염 불 경 자　조 명 염 불 지 인　영 단 의 혹 자 야　의 지 봉 행

必出苦輪 較量辨疑者 義在下文 總有一十一門 覽者
필 출 고 륜　교 량 변 의 자　의 재 하 문　총 유 일 십 일 문　남 자

詳焉
상 언

이제 『염불경』은 염불하는 사람을 밝게 비추어 영원히 의심과 미혹을 끊게 하는 것이니, 이것에 의지하여 받들어 수행하면 반드시 괴로운 윤회에서 벗어난다. 생각이 있어 의심을 해결하고자 하는 사람은 아래의 글에 의지하기 바란다. 모두 열한 가지 문으로 나누어 설명하였으므로 보는 사람이 자세하게 이해할 수 있을 것이다.

一 勸進念佛門 二 自力他力門 三 念佛得益門 四 已
일 권진염불문 이 자력타력문 삼 염불득익문 사 이

得往生門 五 挍量功德門 六 挍量齋福門 七 疑謗得
득 왕생문 오 교량공덕문 육 교량재복문 칠 의방득

罪門 八 誓願證教門 九 廣攝諸教門 十 釋衆疑惑門
죄문 팔 서원증교문 구 광섭제교문 십 석중의혹문

〔復分六門〕十一 念佛出三界門
  부분육문   십일 염불출삼계문

1. 염불로 나아가기를 권하는 문(勸進念佛門)

2. 자력문과 타력문(自力他力門)

3. 염불하여 이익을 얻는 문(念佛得益門)

4. 이미 왕생한 사람을 밝히는 문(已得往生門)

5. 공덕을 비교하여 헤아리는 문(挍量功德門)

6. 재齋의 복을 헤아리는 문(挍量齋福門)

7. 의심하여 비방하면 죄를 얻는 문(疑謗得罪門)

8. 서원하여 증득하기를 가르치는 문(誓願證敎門)
9. 널리 다른 모든 가르침을 거두는 문(廣攝諸敎門)
10. 여러 가지 의혹을 해석하는 문(釋衆疑惑門)〔다시 여섯 문으로 나눔(復分六門)〕
11. 염불하여 삼계를 벗어나는 문(念佛出三界門)

1. 염불로 나아가기를 권하는 문

第一 勸進念佛門
제일 권진염불문

夫佛者三界大師 四生慈父 歸信者 滅罪恒沙 稱念者
부불자삼계대사 사생자부 귀신자 멸죄항사 칭념자

得福無量 凡欲念佛 要起信心 若當無信 空無所獲
득복무량 범욕염불 요기신심 약당무신 공무소획

是故經言 如是者 信相也 夫信爲入道之初宗 智爲究
시고경언 여시자 신상야 부신위입도지초종 지위구

竟之玄術
경지현술

부처님은 삼계三界의 대 스승이시고 사생四生[5]의 어진 어버이시므

---

5 사생四生: 태생胎生, 난생卵生, 습생濕生, 화생化生: 생명체가 태어나는 네 가지 방식을 말한다. 첫째 태생(胎生, Jarāyuja)은 어머니 태에서 태어나는 것으로 사람과 짐승이 이에 속하며, 둘째 난생(卵生, aṇḍaja)은 알에서 태어나는 것으로 새 같은 것을 말한다. 셋째 습생(濕生, saṃsvedaja)은 습기 가운데서

로 귀의하여 믿는 사람은 죄가 항하사만큼 멸해지고, (부처님) 명호를 생각하고 부르는 사람은 헤아릴 수 없는 복을 얻는다. 무릇 염불하고자 하는 사람에게 중요한 것은 신심信心을 일으키는 것이다. 만약 마땅히 믿음을 일으키지 않으면 헛되어 얻을 것이 없다. 이런 까닭에 경전에서 "이와 같다(如是)"라고 말한 것은 믿음의 모습을 나타낸 것이다. 무릇 믿음은 도道에 들어가는 처음의 근본이고, 지혜는 구경究竟의 현묘한 법술(玄術)이다.

初稱如是 信也 後曰奉行 智也 故阿彌陀經云 若有
초 칭 여 시 신 야 후 왈 봉 행 지 야 고 아 미 타 경 운 약 유

信者 應當發願 生彼國土 此是本師釋迦牟尼勸信之
신 자 응 당 발 원 생 피 국 토 차 시 본 사 석 가 모 니 권 신 지

處 彼經又言 汝等當信是稱讚不可思議功德 此是六
처 피 경 우 언 여 등 당 신 시 칭 찬 불 가 사 의 공 덕 차 시 육

方諸佛勸信處 又經言 隨順此經 以信得入 此是法華
방 제 불 권 신 처 우 경 언 수 순 차 경 이 신 득 입 차 시 법 화

經勸信處 又云 若人種善根 疑則華不開 信心清淨者
경 권 신 처 우 운 약 인 종 선 근 의 즉 화 불 개 신 심 청 정 자

華開即見佛 此是十住論勸信處 又人無信而不立 車
화 개 즉 견 불 차 시 십 주 론 권 신 처 우 인 무 신 이 불 립 거

태어나는 것이고, 넷째 화생(化生, upapāduja)은 과거에 지은 자기의 업력에 의해 거주처가 없이 홀연히 생기는 것으로 천인天人과 지옥의 중생들이 여기에 속한다.

無軛軏不行 此是外書勸信處 又信則所言之理順 順
무 예 월 불 행　차 시 외 서 권 신 처　우 신 즉 소 언 지 리 순　순

則師資之道成 經無豊約 非信不傳 此是肇法師勸信
즉 사 자 지 도 성　경 무 풍 약　비 신 부 전　차 시 조 법 사 권 신

處 大行和上曰 念佛法門不問道俗 男女 貴賤 貧富
처　대 행 화 상 왈　염 불 법 문 불 문 도 속　남 녀　귀 천　빈 부

唯要具信 此是大行和上勸信處
유 요 구 신　차 시 대 행 화 상 권 신 처

(모든 경전마다) 첫머리에 '이와 같다'고 한 '여시如是'는 믿음을 의미하고, 마지막에 말한 '받들어 행하다'의 '봉행奉行'은 지혜를 의미한다. 그러므로 『아미타경』에서 "만약 믿음이 있는 사람이라면 마땅히 저 국토에 왕생하기를 발원하라"고 말씀하셨다. 이는 본사本師이신 석가모니부처님께서 믿음을 권하신 것이다. 또 그 경에서 "너희들은 마땅히 불가사의한 공덕을 칭찬하신 것을 믿으라"고 말씀한 것은 육방[6]에 계신 모든 부처님들이 믿음을 권하신 것이다. 또한 경에서 "이 경을 수순隨順하여 믿음으로 깨달음을 얻는다"라고 하신 말씀이기에 『법화경』에서 믿음을 권하신 것이다. 또 "만약 사람이 선근을 심되 의심하면 연꽃이 피지 않고 신심이 청정한 사람은 연꽃이 피어 곧 부처님을 친견한다"라고 말씀하셨기에 『십주비바사론』에서 믿음을 권하신 것이다. 또한 "사람이 신심이 없으면 일어서지 못하는 것이 마치 수레에 멍에를

---

6 육방六方: 동방·남방·서방·북방·하방·상방을 말한다.

매는 끌채 끝이 없으면 달릴 수가 없는 것과 같다"라고 한 것은 불교 경전 외의 다른 글에서 믿음을 권한 것이다. 또 "믿음은 곧 말씀하신 진리를 따름이요, 따름(順)은 곧 스승과 제자의 도를 이루는 것이다. 경전은 풍약豐約[7]이 없으면 성립할 수 없고, 신심이 없으면 전하지 못한다"고 하시어 승조僧肇법사가 믿음을 권한 것이다. 대행大行화상이 "염불법문은 출가자와 재가자, 남자와 여자, 귀하고 천한 사람, 가난한 사람이나 부자를 묻지 않고 오직 믿음을 갖추는 것만이 필요하다"라고 말한 것 또한 믿음을 권한 것이다.

問云 旣言道信 未知信何等法
문 운 기 언 도 신 미 지 신 하 등 법

문 : 도에는 믿음이 있어야 한다고 하는데, 아직 알지 못하겠다. 어떤 법을 믿어야 하는가?

答曰 信意者 信依經中說 念佛定生淨土 信念佛定滅
답 왈 신 의 자 신 의 경 중 설 염 불 정 생 정 토 신 염 불 정 멸
諸罪 信念佛定得佛證 信念佛定得佛護 信念佛臨命
제 죄 신 염 불 정 득 불 증 신 염 불 정 득 불 호 신 염 불 임 명

---

7 풍약豐約: 넉넉하여 남아도는 일과 줄여서 아끼는 일, 즉 풍부함과 집약한다는 뜻으로, 경전의 내용은 중생을 구제하는데 풍부함과 아끼는 방편을 가지고 이루어지지 않으면 안 된다는 것이다.

終時佛自來迎 信念佛不問衆生同信之人皆得往生 信
念佛生淨土定得三十二相 信念佛生淨土定得住不退
地 信念佛生淨土定得自在快樂莊嚴 信念佛生淨土
定得不死之地 信念佛生淨土與諸菩薩一向爲伴侶 信
生淨土更不離佛 信生淨土華臺化生 信彌陀佛現在
說法 信生淨土不墮三塗地獄 所以遣念佛

답 : 믿음(信)의 뜻을 경전에 의거하여 말하자면 이렇다. 염불하면 반드시 정토에 태어난다는 것을 믿어야 하고, 염불하면 반드시 모든 죄가 멸해진다는 것을 믿어야 하며, 염불하면 반드시 부처님의 지위를 증득한다는 것을 믿어야 하고, 염불하면 반드시 부처님이 보호하신다는 것을 믿어야 한다. 또 염불하면 목숨이 마치려 할 때에 부처님께서 친히 오셔서 맞이한다는 것을 믿어야 하고, 염불하면 어떤 중생이든지 묻지 않고 믿는 사람이면 똑같이 모두 왕생할 수 있다는 것을 믿어야 하고, 염불하여 정토에 왕생하면 반드시 32상을 얻는다는 것을 믿어야 하며, 염불하여 정토에 태어나면 반드시 불퇴전의 지위에 머무른다는 것을 믿어야 하고, 염불하여 정토에 태어나면 반드시 자유자재한 쾌락장엄快樂莊嚴을

얻는다는 것을 믿어야 한다. 염불하여 정토에 왕생하면 반드시 죽지 않는 지위를 얻는다는 것을 믿어야 하고, 염불하여 정토에 왕생하면 모든 보살들과 더불어 한결같이 반려자가 된다는 것을 믿어야 하며, 정토에 태어나면 다시는 부처님과 헤어지지 않는다는 것을 믿어야 하고, 정토에 태어나면 연화대에 화생化生한다는 것을 믿어야 한다. 그리고 아미타불께서 현재 설법하고 계신다는 것을 믿어야 하고, 정토에 태어나면 삼도三塗[8] 지옥에 떨어지지 않는다는 것을 믿어야 한다. 그러한 까닭에 염불하게 하는 것이다.

念佛一口 准觀經說 定滅八十億劫生死重罪 還得八
염 불 일 구 준 관 경 설 정 멸 팔 십 억 겁 생 사 중 죄 환 득 팔

十億劫微妙功德 所以勸信 是故大行和上遣念佛人
십 억 겁 미 묘 공 덕 소 이 권 신 시 고 대 행 화 상 견 염 불 인

心唯信佛 佛則知之 佛得他心通故 口唯稱佛 佛則聞
심 유 신 불 불 즉 지 지 불 득 타 심 통 고 구 유 칭 불 불 즉 문

之 佛得天耳通故 身唯敬佛 佛則見之 佛得天眼通故
지 불 득 천 이 통 고 신 유 경 불 불 즉 견 지 불 득 천 안 통 고

此是大行和上勸信念佛處
차 시 대 행 화 상 권 신 염 불 처

입으로 한 번 염불하는 것을 『관무량수경』에서는 "반드시 80억겁

---

8 삼도三塗: 삼도三途라고도 한다. 지옥과 축생과 아귀의 세계에서 중생이 겪는 괴로움. ①맹렬한 불이 타오르는 지옥의 화도火塗, ②서로 잡아먹고 먹히는 축생의 혈도血塗, ③칼에 의해 핍박당하는 아귀의 도도刀塗.

생사의 무거운 죄가 멸하고 도리어 80억겁의 미묘한 공덕을 얻는다"라고 하였다. 그러므로 믿기를 권하는 것이다. 이런 까닭에 대행화상은 염불하는 사람이 마음에 오직 부처님을 믿으면 부처님이 곧 그를 알아보시는 것은 부처님이 타심통他心通을 얻었기 때문이고, 입으로 오직 부처님을 외우면 부처님이 그 소리를 들을 수 있는 것은 부처님이 천이통天耳通을 얻었기 때문이며, 몸으로 오직 부처님을 존경하면 부처님이 그것을 보시는 것은 부처님이 천안통天眼通을 얻었기 때문이라 하였다. 이것은 대행화상이 믿음을 가지고 염불하기를 권한 것이다.

又喩信心 猶如深栽果樹 樹根深故風吹不動 後著果
우 유 신 심   유 여 심 재 과 수   수 근 심 고 풍 취 부 동   후 착 과
實濟人饑渴 念佛之人亦復如是 要由深信得到西方
실 제 인 기 갈   염 불 지 인 역 부 여 시   요 유 심 신 득 도 서 방
成等正覺廣濟危難 若當無信 空無所獲是故經言 十
성 등 정 각 광 제 위 난   약 당 무 신   공 무 소 획 시 고 경 언   십
住菩薩一起信心念佛 已後縱逢惡緣喪身斷命 寧當
주 보 살 일 기 신 심 염 불   이 후 종 봉 악 연 상 신 단 명   녕 당
即死不退信 故維摩經云 深信堅固猶如金剛 法珍普
즉 사 불 퇴 신   고 유 마 경 운   심 신 견 고 유 여 금 강   법 진 보
照如雨甘露 念佛之人要須深信
조 여 우 감 로   염 불 지 인 요 수 심 신

또 신심을 비유하자면 마치 깊게 심은 과일나무와 같다. 나무의

뿌리가 깊기 때문에 바람이 불어도 움직이지 않고, 뒤에 과일이 열리어 사람들의 갈증을 풀어준다. 염불하는 사람도 또한 이와 같다. 중요한 것은 깊은 믿음을 가져야만 서방 극락세계에 도달할 수 있고, 등정각等正覺을 이루어 널리 위난(危難: 중생)을 구제할 수 있다. 만약 믿음이 없으면 헛되어 얻을 바가 없다. 그렇기 때문에 경전에서는 "십주보살은 한 번 신심을 일으켜 염불한 이후로 비록 나쁜 반연을 만나 몸을 상하고 목숨이 끊어져 죽는다 해도 절대 믿음에서 물러서지 말아야 한다"라고 말하였다. 그러기에 『유마경』에서는 "깊은 믿음은 견고하기가 마치 금강과 같고, 법의 보배가 널리 비추는 것은 마치 감로와 같다"라고 하였으니, 염불하는 사람은 모름지기 깊은 신심을 내야 한다.

又無量壽經論云 念佛有五種門 何者爲五 一者 禮拜
우 무 량 수 경 론 운 염 불 유 오 종 문 하 자 위 오 일 자 예 배

門 身業專禮阿彌陀佛 二者 讚歎門 口業專稱阿彌陀
문 신 업 전 례 아 미 타 불 이 자 찬 탄 문 구 업 전 칭 아 미 타

佛名號 三者 作願門 所有禮念功德 唯願求生極樂世
불 명 호 삼 자 작 원 문 소 유 예 념 공 덕 유 원 구 생 극 락 세

界 四者 觀察門 行住坐臥唯遣觀察阿彌陀佛 速生淨
계 사 자 관 찰 문 행 주 좌 와 유 견 관 찰 아 미 타 불 속 생 정

土 五者 廻向門 但念佛 禮佛功德 唯願往生淨土 速
토 오 자 회 향 문 단 염 불 예 불 공 덕 유 원 왕 생 정 토 속

成無上菩提 此是無量壽經論中 念佛法門
성 무 상 보 리 차 시 무 량 수 경 론 중 염 불 법 문

또 『무량수경론』[9]에서 말하길 "염불에 다섯 가지 문이 있는데 무엇이 다섯 가지인가? 첫째는 예배문禮拜門인데 신업身業으로 아미타불께 예배하는 것이요, 둘째는 찬탄문讚歎門인데 구업口業으로 오로지 아미타불의 명호를 외우는 것이다. 셋째는 작원문作願門인데 예배하고 염불하는 공덕을 가지고 오직 극락세계에 왕생하기를 구하고 원하는 것이다. 넷째는 관찰문觀察門인데 행주좌와에 오직 아미타불을 관찰하고 속히 정토에 태어나려고 하는 것이다. 다섯째는 회향문廻向門인데 염불과 예배의 공덕으로 오직 정토에 왕생하여 속히 무상보리를 이루기를 원하는 것이다"라고 하였다. 이것이 『무량수경론』 안에 있는 염불법문이다.

又彼經云 有四種修行 何等爲四 一者 長時修 自一
우피경운 유사종수행 하등위사 일자 장시수 자일

發念佛心以來 直至得生淨土成佛 終不退轉 二者
발염불심이래 직지득생정토성불 종불퇴전 이자

敬處修 正向西方 專想不移 三者 無間修 唯專念佛
경처수 정향서방 전상불이 삼자 무간수 유전염불

無別雜善而來間隔 亦無貪 嗔煩惱雜惡來間 四者
무별잡선이래간격 역무탐 진번뇌잡악래간 사자

---

[9] 『무량수경론無量壽經論』: 세친보살이 저술한 『무량수경우파제사원생게無量壽經優婆提舍願生偈』를 말한다. 줄여서 『왕생론往生論』 또는 『정토론淨土論』이라고도 한다. 이 논서에 대해 북위北魏의 담란曇鸞대사가 주석한 『왕생론주往生論註』가 유명하며, 이 책에 대한 졸저拙著의 강설이 있다.

無餘修 無餘雜善而來間 何以故 雜善修道多劫乃成
무여수 무여잡선이래간 하이고 잡선수도다겁내성

由自力故 唯專念佛一日 七日 即生淨土 位居不退
유자력고 유전염불일일 칠일 즉생정토 위거불퇴

速成無上菩提 乘阿彌陀佛本願力故 速得成就 故名
속성무상보리 승아미타불본원력고 속득성취 고명

無餘修
무여수

또 저 경에서 말하길 "네 가지 수행(四修)[10]이 있는데 어떠한 것이 네 가지인가? 첫째는 장시수長時修로, 한 번 염불하는 마음을 낸 이래로부터 곧바로 정토에 태어나 성불할 때까지 끝내 물러서지 않는 것이다. 둘째는 경처수敬處修[11]로, 똑바로 서방을 향하여 오로지 극락세계를 생각하되 자리를 옮기지 않는 것이다. 셋째는

---

10 사수四修: 경 자체에는 본문의 내용과 같은 네 가지 수행은 명확하게 보이지 않는다. 다만 『아비달마구사론阿毘達磨俱舍論』(대정장 29冊 No.1558, 141b)에 무여수無餘修, 장시수長時修, 무간수三無間, 존중수(尊重修, 敬處修)의 네 가지 수행이 나오며, 여타 대소승의 논장에서도 사수의 명칭과 설명이 보인다. 선도대사의 『왕생예찬게』(대정장 47책 No.1980, 439a)에서는 정토문의 필요에 따라 이를 인용하여 공경수恭敬修, 무여수, 무간수, 장시수로 설명하면서 삼심(三心: 至誠心, 深心, 回向發願心)과 함께 하나라도 빠져서는 안 되는 수행으로 설명하고 있다.

11 경처수敬處修: 선도대사의 『왕생예찬게』에서는 경처수를 공경수恭敬修로 표현하면서 '아미타불과 저 나라의 모든 성중을 공경하며 예배하는 것'으로 설명하고 있다.

무간수無間修로, 오직 염불에 전념하되 다른 잡선雜善[12]이 사이에 들어와 끼지 않고, 또 탐욕과 성냄의 번뇌와 잡된 악이 사이에 끼지 않는 것이다. 넷째는 무여수無餘修로, 다른 잡선이 사이에 들어올 여지가 없는 것이다. 왜냐하면 잡선으로 도를 닦으려면 다겁 동안 수행해야만 이루어지는데 이는 자력이기 때문이다. 오직 전념으로 1일 내지 7일간 염불하면 곧 정토에 태어나 불퇴전의 지위에 머물러 속히 무상보리를 이룬다. 아미타불의 본원력을 타고 빠르게 성취할 수 있는 까닭에 무여수라고 이름한다"라고 하였다.

又准觀經中勤念佛人 上品上生者 若有衆生願生彼
우 준 관 경 중 근 염 불 인　상 품 상 생 자　약 유 중 생 원 생 피

國者 發三種心即便往生 何等爲三 一者 至誠心 二
국 자　발 삼 종 심 즉 변 왕 생　하 등 위 삼　일 자　지 성 심　이

者 深心 三者 廻向發願心 具三心者必生彼國
자　심 심　삼 자　회 향 발 원 심　구 삼 심 자 필 생 피 국

또 부지런히 염불하는 사람을 『관무량수경』을 기준으로 말하면 "상품상생이란, 만약 어떤 중생이 저 국토에 태어나기를 원하여 세 가지 마음을 일으키면 곧 왕생한다. 어떤 것이 세 가지인가? 첫째는 지성심이요, 둘째는 심심이며, 셋째는 회향발원심이다.

---

12 잡선雜善: 염불 이외 다른 수행법으로 쌓은 선근을 말한다.

이 세 가지 마음을 갖추면 반드시 저 국토에 왕생한다"라고 하였다.

何者至誠心　身業專禮阿彌陀佛　口業專稱阿彌陀佛
하 자 지 성 심　신 업 전 례 아 미 타 불　구 업 전 칭 아 미 타 불
意業專信阿彌陀佛　乃至往生淨土　成佛已來不生退
의 업 전 신 아 미 타 불　내 지 왕 생 정 토　성 불 이 래 불 생 퇴
轉　故名至誠心
전　고 명 지 성 심

어떤 것을 지성심至誠心이라 하는가? 몸으로는 오로지 아미타불에게 예배하고, 입으로는 오로지 아미타불의 명호를 부르며, 마음으로는 오로지 아미타불을 믿어야 한다. 나아가 정토에 왕생하여 성불할 때까지 뒤로 물러나지 않아야 한다. 그러므로 지성심이라 이름한다.

深心者　卽是眞實起信　專念佛名　誓生淨土　成佛爲期
심 심 자　즉 시 진 실 기 신　전 념 불 명　서 생 정 토　성 불 위 기
終不再疑　故名深心
종 부 재 의　고 명 심 심

심심深心이란 곧 진실하게 믿음을 일으켜 오로지 부처님의 명호를 염하고 서원하여 정토에 태어나 성불할 것을 기약하되 끝까지 다시는 의심하는 마음을 내지 않아야 한다. 그러므로 심심이라고 한다.

廻向發願心者 所有禮念功德 唯願往生淨土 速成無
회향발원심자 소유예념공덕 유원왕생정토 속성무

上菩提 故名廻向發願心 此是觀經中 上品上生法
상보리 고명회향발원심 차시관경중 상품상생법

회향발원심廻向發願心이란 예배와 염불로 쌓은 공덕으로 오직 정토에 왕생하여 속히 무상보리를 이루기를 원하는 것이다. 그러므로 회향발원심이라고 부른다. 이것이 『관무량수경』에서 말하는 상품상생의 법이다.

又文殊般若經 不觀相貌 專稱名號 作一行三昧 欲得
우문수반야경 불관상모 전칭명호 작일행삼매 욕득

速成佛 亦作此一行三昧 欲具一切智 亦作一行三昧
속성불 역작차일행삼매 욕구일체지 역작일행삼매

欲得見佛 亦作一行三昧 欲得速生淨土 亦作一行三
욕득견불 역작일행삼매 욕득속생정토 역작일행삼

昧 此是文殊般若經中 念佛往生法
매 차시문수반야경중 염불왕생법

또 『문수반야경』에서는 "모양을 관하지 말고 오로지 명호를 불러 일행삼매一行三昧[13]를 닦아 속히 성불하고자 해야 하고, 또 이

---

13 일행삼매一行三昧: 범어로는 ekavyūha-samādhi인데 이것을 일상삼매 또는 진여삼매眞如三昧라고도 한다. 마음을 한 군데로 집중하여 선정을 닦는 수행법으로, 즉 고요한 장소에서 마음을 산란하게 하지 않고 오로지 부처님을 생각하면서 머리에 떠올리는 수행법이다.

일행삼매를 수행하여 일체지一切智[14]를 갖추고자 해야 하며, 또 일행삼매를 수행하여 부처님을 친견하고자 해야 하고, 일행삼매를 수행하여 속히 정토에 왕생하고자 해야 한다"라고 하였다. 이것이 『문수반야경』에서 말한 염불하여 왕생하는 법이다.

又阿彌陀經云 舍利弗 若有善男子 善女人 聞說阿彌
우 아 미 타 경 운 사 리 불 약 유 선 남 자 선 여 인 문 설 아 미

陀佛 執持名號 若一日 若二日 乃至若七日 一心不
타 불 집 지 명 호 약 일 일 약 이 일 내 지 약 칠 일 일 심 불

亂 其人臨命終時 阿彌陀佛與諸聖衆現在其前 是人
란 기 인 임 명 종 시 아 미 타 불 여 제 성 중 현 재 기 전   시 인

終時 心不顚倒 即得往生阿彌陀佛極樂國土
종 시 심 부 전 도 즉 득 왕 생 아 미 타 불 극 락 국 토

또 『아미타경』에서는 "사리불아, 만약 선남자 선여인이 아미타불에 대해 듣고 명호를 지니고 외우되 혹은 하루, 혹은 이틀 내지 혹은 이레 동안 일심으로 산란하지 않으면 그 사람이 목숨을 마치려고 할 때에 아미타불과 여러 성중聖衆들이 그 사람 앞에 나타나는데, 이 사람은 목숨을 마칠 때에 마음이 전도되지 않고 곧바로 아미타불의 극락국토에 왕생하게 되느니라"라고 하였다.

---

14 일체지一切智: 범어로는 sarvajñātā라고 하는데 모든 존재에 대해 다 아는 지혜를 말한다.

問曰 若念佛一日往生淨土 何須七日
문왈 약염불일일왕생정토 하수칠일

문 : "하루만 염불하여도 정토에 왕생하는데, 왜 수고롭게 7일간 해야 하는가?"

答曰 一日 七日 皆是臨命終時往生淨土 疾則一日
답왈 일일 칠일 개시임명종시왕생정토 질즉일일

遲則七日 此是阿彌陀經中 上品往生法 又准觀經 下
지즉칠일 차시아미타경중 상품왕생법 우준관경 하

品下生者 或有眾生 作不善業 五逆 十惡 具諸不善
품하생자 혹유중생 작불선업 오역 십악 구제불선

如此愚人以惡業故 應墮惡道 經歷多劫 受苦無窮 如
여차우인이악업고 응타악도 경력다겁 수고무궁 여

此愚人臨命終時 遇善知識教 念阿彌陀佛十口 除罪
차우인임명종시 우선지식교 염아미타불십구 제죄

往生 此是觀經中 下品下生法 又准無量壽經云 乃至
왕생 차시관경중 하품하생법 우준무량수경운 내지

一念即生淨土 並是下品往生法
일념즉생정토 병시하품왕생법

답 : "1일과 7일 모두 목숨을 마치려 할 때 정토에 왕생한다. 빠르면 1일, 늦으면 7일이다. 이것은 『아미타경』 가운데 상품의 왕생법이다. 또 『관무량수경』에 의거하면 "혹 어떤 중생이 오역[15]

---

[15] 오역五逆: 오역죄. 무간지옥에 떨어질 다섯 가지 죄로 오무간업五無間業이라고도 한다. 아버지를 죽임, 어머니를 죽임, 아라한을 죽임, 부처님 몸에

과 십악[16]을 지어 착하지 않는 것을 모두 갖추었다고 하자. 이와 같은 어리석은 사람은 이 악업으로 인해 마땅히 악도에 떨어져 많은 세월을 지나면서 끝없이 고통을 받는다. 그러나 이 같은 어리석은 사람이 목숨이 마치려고 할 때에 선지식을 만나 아미타불을 염하라는 가르침에 따라 열 번 염불하면 죄가 제거되어 왕생할 수 있다"라고 하였다. 이것은 하품하생의 법이다. 또 『무량수경』에 "내지 한 번만 염불하면 정토에 태어난다"라고 한 것도 다 같이 하품의 왕생법이다.

問曰 一種念佛 一念 十念卽下品下生 一日 七日何
문 왈 일종염불 일념 십념즉하품하생   일일 칠일하
故得上品上生
고 득 상 품 상 생

문 : 염불은 한 가지인데, 일념과 십념은 곧 하품하생이고, 1일과 7일간은 무엇 때문에 상품상생을 얻는다고 하는가?

答曰 一念 十念 爲念數少 功德亦少 所以下品下生
답 왈 일념 십념 위염수소 공덕역소 소이하품하생

피를 냄, 화합 승가를 파괴함이 그것이다.

16 **십악**十惡: 몸(身)과 입(口)과 마음(意)으로 짓는 열 가지 죄악. 몸으로 하는 살생·도둑질·음행, 입으로 하는 망어妄語·양설兩舌·악구惡口·기어綺語, 마음으로 하는 탐욕貪欲·진에瞋恚·사견邪見 등을 말한다.

一日 七日 爲念數多 功德亦多 所以上品上生 又一
일일 칠일 위염수다 공덕역다 소이상품상생 우일

念 十念 喻晩發心人 一日 七日 喻早發心人 所以
념 십념 유만발심인 일일 칠일 유조발심인 소이

一念 十念 一日 七日卽生淨土 位居不退 直至無上
일념 십념 일일 칠일즉생정토 위거불퇴 직지무상

菩提
보리

답 : 일념과 십념은 염하는 수가 적고, 또한 공덕이 적기 때문에 하품하생이고, 1일과 7일간 염하는 것은 수가 많고 또한 공덕이 많기 때문에 상품상생이다. 또 일념과 십념은 늦게 발심한 사람에 비유한 것이고, 1일과 7일간은 일찍 발심한 사람에 비유한 것이다. 그렇기 때문에 일념을 하든 십념을 하든, 하루를 하든 또는 7일간 하든 모두 정토에 태어나 불퇴전의 지위에 머물러 바로 무상보리에 이른다.

又念佛喩如孩子哭聲 父母聞之急來相救 飢卽與食
우염불유여해자곡성 부모문지급래상구 기즉여식

寒卽與衣 熱卽與涼 是父母力 非是子能 念佛之人亦
한즉여의 열즉여량 시부모력 비시자능 염불지인역

復如是 唯知念佛 佛大慈悲尋聲卽救 所有罪業佛與
부여시 유지염불 불대자비심성즉구 소유죄업불여

滅却 所有病患佛與差却 所有諸障佛與拂却 猶如父
멸각 소유병환불여차각 소유제장불여불각 유여부

母養子相似
모양자상사

또 염불은 마치 젖 먹는 어린아이가 소리 내어 울면 부모가 그것을 듣고 급히 와 구하는데 배고프면 밥을 주고, 추우면 옷을 주며, 더우면 서늘하게 해주는 것과 같다. 이것은 부모의 힘이지 어린아이가 능히 할 수 있는 일이 아니다. 염불하는 사람도 또한 이와 같아서, 오직 부처님을 염하면 부처님께서는 큰 자비로 소리를 찾아 즉시 구해주신다. 뿐만 아니라 있는 죄업을 부처님께서는 곧 멸해 주시고, 있는 병환을 부처님께서는 쾌차케 해주시며, 있는 모든 업장을 부처님께서는 물리쳐 주신다. 이것도 마치 부모가 자식을 돌보는 모습과 같다.

故法華經云 一切衆生皆是吾子 我即是父 汝等累劫
고 법 화 경 운   일 체 중 생 개 시 오 자   아 즉 시 부   여 등 누 겁
衆苦所燒 我皆濟拔令出三界 修道之人要勤念佛 維
중 고 소 소   아 개 제 발 령 출 삼 계   수 도 지 인 요 근 염 불   유
摩經云 欲除煩惱 當修正念
마 경 운   욕 제 번 뇌   당 수 정 념

그렇기 때문에 『법화경』에서는 "일체 중생이 모두 나의 자식이고, 나는 곧 어버이이다. 너희들이 오랜 세월 동안 여러 가지 고통을 받은 것을 내가 다 구제하여 삼계에서 벗어나게 할 것이다"라고 말씀하셨다. 그러니 도를 닦는 사람은 부지런히 염불하는 것이

중요하다. 『유마경』에서는 "번뇌를 제거하고자 하면 마땅히 정념正念을 닦으라"라고 말씀하셨다.

2. 자력문과 타력문

第二 自力他力門
제이 자력타력문

問云 論諸法門 其數無量 何法自力 何法他力
문운 논제법문 기수무량 하법자력 하법타력

문 : 모든 법문을 논하면 그 수가 헤아릴 수가 없는데, 어떤 법이 자력自力이고, 어떤 법이 타력他力인가?

答云 如來雖說八萬四千法門 唯有念佛一門是爲他
답운 여래수설팔만사천법문 유유염불일문시위타

力 餘門修道總爲自力
력 여문수도총위자력

답 : 여래께서 비록 팔만사천 가지 법문을 설하셨지만 오직 염불 한 문門만이 타력이고, 다른 문의 수도修道는 모두 자력이다.

又問 自力修道 准佛經教 何時得成 他力修道何時
우문 자력수도 준불경교 하시득성 타력수도하시

得熟
득숙

문 : 자력으로 하는 수도는 부처님의 가르침에 의거하면 어느 때 성취할 수 있으며, 타력으로 하는 수도는 어느 때 이룰 수 있는가?

答 自力 准佛經教 從初發心 經一大阿僧祇劫 始到
답 자력 준불경교 종초발심 경일대아승기겁 시도

初地 又經一大阿僧祇劫修道 乃至八地菩薩 皆是自
초지 우경일대아승기겁수도 내지팔지보살 개시자

力 他力者 准念佛法門阿彌陀經 疾則一日 遲則七日
력 타력자 준염불법문아미타경 질즉일일 지즉칠일

念阿彌陀佛往生淨土 卽是八地菩薩 何以故 爲乘阿
염아미타불왕생정토 즉시팔지보살 하이고 위승아

彌陀佛本願力故 阿彌陀經中 衆生生者 皆是阿鞞跋
미타불본원력고 아미타경중 중생생자 개시아비발

致 旣是阿鞞跋致 卽是八地菩薩
치 기시아비발치 즉시팔지보살

답 : 자력을 부처님의 가르침에 의거하면, 처음 발심한 이래 1대 아승지겁[17]을 지나야만 비로소 초지初地에 이르고, 또 1대 아승지

---

17 아승기겁阿僧祇劫: 범어로는 asaṁkhya로 한없는 세월을 말하는데, 『대지도론』에서는 개자겁介子劫과 반석겁磐石劫을 말하고 있다. 여기서 개자겁이란

겁을 지나는 동안 도를 닦아야만 비로소 8지 보살에 이른다고 하였으니, 이것이 모두 자력이다. 타력이란 염불법문으로 『아미타경』에 의거하면 빠르면 1일, 늦으면 7일간 아미타불을 염하여 정토에 왕생하면 곧 8지 보살이다. 무슨 까닭인가? 아미타불의 본원력本願力을 입기 때문이다. 『아미타경』 가운데 "중생이 왕생하면 다 아비발치[18]이다"라고 한 이 아비발치가 곧 8지 보살이다.

又問 自力 他力如何
우 문 자 력 타 력 여 하

문 : 자력과 타력은 어떤 것인가?

答 喩自力者 猶如小兒年始三歲 宅去京地向經千里
답 유 자 력 자 유 여 소 아 년 시 삼 세 댁 거 경 지 향 경 천 리

둘레 40리나 되는 돌 위에 겨자씨를 쌓아 두고 하늘에 있는 천녀가 백 년에 한 번씩 한 알의 씨앗을 다 가져가 돌 위의 겨자씨가 다 없어질 때를 1겁이라 하고, 반석겁이란 둘레 40리나 되는 반석을 하늘에 있는 천녀가 옷깃으로 백 년에 한 번씩 씻어 다 달아 없어질 때를 1겁이라 한다.

18 아비발치阿鞞跋致: 범어로는 avinivartanīya라고 하고, 한문으로는 불퇴不退・불퇴위不退位・불퇴전不退轉이라고 한다. 부처님 도를 구하는 마음이 견고하여 다시는 뒤로 퇴전하지 않는 것을 의미하는데 소승에서는 아라한과를 향해 불퇴위不退位에 오른 예류과預流果를 말하고, 대승에서는 초주初住・초지初地, 또는 8지 보살을 말한다. 여기서는 대승 8지 보살의 계위이다.

遂遣小兒自行向京 以求官職 無由得到 何以故 爲幼
수 견 소 아 자 행 향 경 이 구 관 직 무 유 득 도 하 이 고 위 유
小故 餘門修道 亦復如是 要須多劫修道乃成 猶如小
소 고 여 문 수 도 역 부 여 시 요 수 다 겁 수 도 내 성 유 여 소
兒 自力向京不可得到 由自力故
아 자 력 향 경 불 가 득 도 유 자 력 고

답 : 비유하면 자력이란 마치 어린아이가 처음 세 살 때 집에서 나와 서울을 향하여 가는데 천 리를 걸어야 하는 것과 같다. 어린아이에게 스스로 걸어서 서울까지 가 관직을 구하게 한다면 서울에 도달할 수가 없다. 왜냐하면 어린아이이기 때문이다. 다른 수행문도 이와 같아 다겁 동안 수고롭게 수행해야만 성취한다. 마치 어린아이처럼 자력으로 서울을 향해 걸어가도 끝내 도달할 수 없는 것은 자력이기 때문이다.

言他力者 猶如小兒雖小 依父母及象 馬車乘力故 不
언 타 력 자 유 여 소 아 수 소 의 부 모 급 상 마 차 승 력 고 불
久到京 遂得官職 何以故 由他力故 念佛修道亦復如
구 도 경 수 득 관 직 하 이 고 유 타 력 고 염 불 수 도 역 부 여
是 臨命將時乘阿彌陀佛願力 如一念頃往生西方 得
시 임 명 장 시 승 아 미 타 불 원 력 여 일 념 경 왕 생 서 방 득
不退地 猶如父母將象 馬車乘載小兒 不久到京覓得
불 퇴 지 유 여 부 모 장 상 마 차 승 재 소 아 불 구 도 경 멱 득
官職
관 직

타력이란 마치 어린아이가 비록 나이는 적지만 부모나 코끼리 수레, 말 수레에 의지한다면 머지않아 서울에 도착하여 드디어 관직을 얻을 수 있는 것과 같다. 왜냐하면 타력이기 때문이다. 염불 수행도 또한 이와 같아 임종 시에 아미타불의 원력을 입으면 일념 사이에 서방에 왕생하여 뒤로 물러나지 않는 지위를 얻는다. 마치 부모나 코끼리 수레, 말 수레의 힘에 의지해 어린아이를 태우고 간다면 머지않아 서울에 도착하여 관직을 찾아 얻는 것과 같다.

又自力者 猶如貧人還與貧人家客作 用力雖多 得錢
우 자 력 자 유 여 빈 인 환 여 빈 인 가 객 작 용 력 수 다 득 전
極少 餘門修道 亦復如是 用力極多 功德極少 如似
극 소 여 문 수 도 역 부 여 시 용 력 극 다 공 덕 극 소 여 사
貧家客作相似
빈 가 객 작 상 사

또 자력이란 마치 가난한 사람이 가난한 사람 집에 고용되어 일을 할 때, 많은 힘을 들여 일하지만 받는 돈은 극히 적은 것과 같다. 다른 수행문도 또한 이와 같아 지극히 많은 힘을 들여 수행하지만 얻는 공덕이 극히 적다. 마치 가난한 사람이 가난한 집에서 일하는 것과 같기 때문이다.

又他力者 如向王家客作 用力極少 得錢無量 何以故
우 타 력 자 여 향 왕 가 객 작 용 력 극 소 득 전 무 량 하 이 고
爲乘王力故 念佛亦復爾 爲乘佛願力故 用功極少 功
위 승 왕 력 고 염 불 역 부 이 위 승 불 원 력 고 용 공 극 소 공
德無邊 一日 七日專心念佛 速生淨土 早證無上菩提
덕 무 변 일 일 칠 일 전 심 염 불 속 생 정 토 조 증 무 상 보 리
猶如王家客作相似
유 여 왕 가 객 작 상 사

또 타력이란 왕가王家에 고용되어 일을 할 때, 힘들이는 것은 매우 적지만 돈을 받는 것은 무량한 것과 같다. 왜냐하면 왕의 힘을 입기 때문이다. 염불도 또한 부처님의 원력을 입기 때문에 힘들이는 것은 매우 적지만 얻는 공덕은 끝이 없어, 1일이나 7일간 전심으로 염불하면 속히 정토에 왕생하여 빨리 무상보리를 증득하는 것이 마치 왕가에 고용되는 것과 같다.

又自力 他力者 猶如蟻子寄在翅鳥之上 遂將蟻子在
우 자 력 타 력 자 유 여 의 자 기 재 시 조 지 상 수 장 의 자 재
須彌山 蟻子昇高受諸快樂 凡夫念佛亦復如是 乘佛
수 미 산 의 자 승 고 수 제 쾌 락 범 부 염 불 역 부 여 시 승 불
願力速生西方 受諸快樂 猶如蟻子乘翅鳥力上山相
원 력 속 생 서 방 수 제 쾌 락 유 여 의 자 승 시 조 력 상 산 상
似 此之他力 餘門修道 猶如蟻子自力行上山 不可得
사 차 지 타 력 여 문 수 도 유 여 의 자 자 력 행 상 산 불 가 득
到 此乃自力
도 차 내 자 력

2. 자력문과 타력문

또 자력과 타력이란, (타력은) 마치 개미가 날개 달린 새를 의지하면 장차 수미산에 오르게 되고, 높이 올라 모든 쾌락을 누릴 수 있는 것과 같다. 범부가 하는 염불도 또한 이와 같아 부처님의 원력을 입어 속히 서방세계에 왕생하여 모든 쾌락을 누리는 것이 개미가 날개 있는 새의 힘에 의지하여 산에 오르는 것과 같으니, 이것이 타력이다. 나머지 다른 수행의 문은 마치 개미가 스스로의 힘으로 걸어서 산을 오르려고 하지만 도달할 수 없는 것과 같으니, 이것이 자력이다.

自力者猶如蝦蟆 他力者猶如大龍 有諸蝦蟆啣著龍
자력자유여하마　타력자유여대룡　유제하마함착용

鱗 龍帶蝦蟆速入大海 由念佛故 將於衆生速到西方
린　용대하마속입대해　유염불고　장어중생속도서방

자력이란 마치 두꺼비와 같고, 타력은 마치 큰 용과 같다. 모든 두꺼비가 용의 비늘에 붙으면 용은 두꺼비를 허리에 차고 큰 바다에 들어간다. (이와 마찬가지로) 염불로 말미암아 장차 중생들이 속히 서방에 이를 수 있다.

又自力者 猶如凡夫脚足損壞 不能速行 他力者 如轉
우자력자　유여범부각족손괴　불능속행　타력자　여전

輪王飛騰虛空 往四天下 爲乘輪寶力故 乘佛願力亦
륜왕비등허공　왕사천하　위승윤보력고　승불원력역

復如是 一念之頃 卽得往生西方 住不退地 餘門修道
부여시 일념지경 즉득왕생서방 주불퇴지 여문수도

猶如陸地步行 念佛修道 猶如水路乘船 里數極多而
유여육지보행 염불수도 유여수로승선 이수극다이

復不固 念佛往生亦復如是 用功極少 早證菩提 念佛
부불고 염불왕생역부여시 용공극소 조증보리 염불

法門 由乘阿彌陀佛本願力故 速疾成佛 超過餘門百
법문 유승아미타불본원력고 속질성불 초과여문백

千萬倍
천만배

또한 자력은 마치 범부가 다리가 부러져 속히 걸을 수 없는 것과 같고, 타력은 전륜성왕이 허공을 날아 사천하[19]를 가는 것과 같으니, 이는 윤보輪寶[20]의 힘을 의지하기 때문이다. 부처님의 원력을 입는 것 또한 이와 같아 일념 사이에 서방에 왕생하여 불퇴전의 지위에 머무를 수가 있다. 다른 수행문은 마치 육지에서 걷는

---

19 사천하四天下: 불교의 우주론에서 하나의 세계를 일컫는 말. 즉 수미산을 중심으로 사방에 있는 남섬부주南瞻部洲, 동승신주東勝神州·서우화주西牛貨州·북구로주北瞿盧州 등 사대주四大州를 말한다. 이 지역은 금륜성왕金輪聖王이 통치하기 때문에 대주大州라 한다.

20 윤보輪寶: 범어로는 cakra라고 하는데 전륜성왕이 가지고 있다는 일곱 보배 중의 하나인 바퀴 보배를 말한다. 전륜성왕은 우주를 통솔하는데 이 윤보를 사용한다. 제왕은 숙세에서 닦은 복력으로 이 윤보를 얻고, 이 윤보는 성왕이 나아가는 데 앞에서 땅을 평평하게 하는 한편, 적군을 굴복시키며 평정하는 힘이 있다고 한다.

것과 같고, 염불 수행은 마치 지극히 많은 거리라도 물길에서 배를 타고 쉽게 도달하여 다시는 (자력을) 고집하지 않는 것과 같다. 염불하여 왕생하는 것도 또한 이와 같아서 매우 적은 힘을 들이고도 빨리 보리를 증득한다. 염불법문은 아미타불의 본원력 가피를 입는 까닭에 빨리 성불하는 것이 나머지 다른 수행문들보다 백천만 배나 월등하다.

3. 염불하여 이익을 얻는 문

第三 念佛得益門
제삼 염불득익문

問曰 念阿彌陀佛 往生殊勝淨土 總得幾計利益
문왈 염아미타불 왕생수승정토 총득기계이익

문 : 아미타불을 염하여 수승한 정토에 왕생하면 모두 얼마만큼의 이익을 얻는가?

答曰 准善道闍梨集 念佛法總有二十三種利益 何者
답왈 준선도사리집 염불법총유이십삼종이익 하자

是 一 滅重罪障益 二 光明攝受益 三 大師護念益 四
시 일 멸중죄장익 이 광명섭수익 삼 대사호념익 사

菩薩冥加益 五 諸佛保護益 六 八部防衛益 七 功德
보살명가익 오 제불보호익 육 팔부방위익 칠 공덕

寶聚益 八 多聞智慧益 九 不退菩提益 十 奉覲大雄
보취익 팔 다문지혜익 구 불퇴보리익 십 봉근대웅

益 十一 感聖來迎益 十二 慈光照觸益 十三 聖友同
익 십일 감성내영익 십이 자광조촉익 십삼 성우동

讚益 十四 聖友同迎益 十五 神通空駕益 十六 身色
찬익 십사 성우동영익 십오 신통공가익 십육 신색

殊姿益 十七 壽命長劫益 十八 得生勝處益 十九 面
수자익 십칠 수명장겁익 십팔 득생승처익 십구 면

覩聖衆益 二十 常聞妙法益 二十一 證無生法忍益
도성중익 이십 상문묘법익 이십일 증무생법인익

二十二 歷事他方受記益 二十三 還歸本國得陀羅尼
이십이 역사타방수기익 이십삼 환귀본국득다라니

益 此是西京善道闍梨 念佛集中利益
익 차시서경선도사리 염불집중이익

답 : 선도대사의 저서에 의하면, 염불법에는 총 23가지 이익이 있다고 하였다. 어떤 것인가?

① 무거운 죄와 장애를 소멸하는 이익.

② 광명으로 중생들을 섭수攝受하는 이익.

③ 대사들이 호념하는 이익.

④ 보살들이 은밀히 가피하는 이익.

⑤ 모든 부처님이 보호하는 이익.

⑥ 팔부신장八部神將[21]이 보호하는 이익.

---

21 팔부신장八部神將: 팔부중八部衆, 팔부八部라고도 한다. 불법을 보호하는 신들로 천天·용龍·야차夜叉·건달바乾闥婆·아수라阿修羅·가루라迦樓羅·긴나라緊那羅·마후라가摩睺羅伽 등이다.

⑦ 공덕의 보배가 모이는 이익.

⑧ 법문을 많이 듣고 지혜를 얻는 이익.

⑨ 보리에서 물러나지 않는 이익.

⑩ 부처님을 받들어 친견하는 이익.

⑪ 성인(아미타불)의 내영來迎을 감득하는 이익.

⑫ 자비스런 광명이 비추어 몸에 닿아 느끼는 이익.

⑬ 성중聖衆들이 도반이 되어 함께 찬탄하는 이익.

⑭ 성중의 도반이 함께 맞이하는 이익.

⑮ 신통으로 공중을 날아다니는 이익.

⑯ 몸의 빛깔이 수승한 모습이 되는 이익.

⑰ 수명이 매우 길게 되는 이익.

⑱ 수승한 곳에 태어날 수 있는 이익.

⑲ 눈앞에서 성중을 친견하는 이익.

⑳ 항상 묘한 법을 듣는 이익.

㉑ 무생법인無生法忍을 증득하는 이익.

㉒ 타방에서 (부처님을) 섬기어 수기를 받는 이익.

㉓ 도로 본국에 돌아와 다라니陀羅尼[22]를 얻는 이익.

이것이 서경(西京: 장안) 선도대사의 『염불집』 가운데 나타난 이익이다.

---

22 범어로는 dhāraṇī로 한문으로는 총지總持·능지能持·능차能遮라 번역한다. 즉 능히 무량한 이치를 받아 잃지 않는 염혜念慧의 힘을 말한다.

又准大行和上 念佛 總有十種利益 何等爲十 一則佛
우 준 대 행 화 상 염 불 총 유 십 종 이 익 하 등 위 십 일 즉 불

力 二則易作 三則功德最多 四則自他極喜 五則速得
력 이 즉 이 작 삼 즉 공 덕 최 다 사 즉 자 타 극 희 오 즉 속 득

見佛 六則定得不退 七則定生極樂 八則更不離佛 九
견 불 육 즉 정 득 불 퇴 칠 즉 정 생 극 락 팔 즉 갱 불 리 불 구

則壽命長遠 十則與聖無異
즉 수 명 장 원 십 즉 여 성 무 이

또 대행화상에 의하면, 염불에는 총 10가지 이익이 있다. 어떤 것이 열 가지인가?

  ① 부처님의 힘이다.

  ② 행하기 쉽다.

  ③ 공덕이 가장 많다.

  ④ 자타가 지극히 기뻐한다.

  ⑤ 속히 부처님을 친견할 수 있다.

  ⑥ 반드시 불퇴전의 지위를 얻는다.

  ⑦ 반드시 극락에 왕생한다.

  ⑧ 다시는 부처님과 헤어지지 않는다.

  ⑨ 수명이 장원長遠하다.

  ⑩ 성중들과 더불어 다름이 없다.

又准諸經 念佛往生 總有三十種利益 何等是 一 滅
우 준 제 경 염 불 왕 생 총 유 삼 십 종 이 익 하 등 시 일 멸

除諸罪 二 功德無邊 三 諸佛法中勝 四 諸佛同證 五
제제죄 이 공덕무변 삼 제불법중승 사 제불동증 오

諸佛同護 六 十方諸佛同勸信念 七 所有疾患念佛總
제불동호 육 시방제불동권신염 칠 소유질환염불총

除 八 臨命終時心不顚倒 九 念佛一法攝多法 十 命
제 팔 임명종시심부전도 구 염불일법섭다법 십 명

終之時佛自來迎 十一 用少功德速生淨土 十二 華臺
종지시불자내영 십일 용소공덕속생정토 십이 화대

中化生 十三 身黃金色 十四 壽命長遠 十五 長生不
중화생 십삼 신황금색 십사 수명장원 십오 장생불

死 十六 身有光明 十七 具三十二相 十八 獲六神通
사 십육 신유광명 십칠 구삼십이상 십팔 획육신통

十九 得無生法忍 二十 常見諸佛 二十一 與諸菩薩
십구 득무생법인 이십 상견제불 이십일 여제보살

共爲伴侶 二十二 香華音樂六時供養 二十三 衣食自
공위반려 이십이 향화음악육시공양 이십삼 의식자

然長劫無盡 二十四 任運進道直至菩提 二十五 常得
연장겁무진 이십사 임운진도직지보리 이십오 상득

少年無有老相 二十六 常得強健無有病時 二十七 更
소년무유노상 이십육 상득강건무유병시 이십칠 갱

不重墮三塗地獄 二十八 受生自在 二十九 晝夜六時
부중타삼도지옥 이십팔 수생자재 이십구 주야육시

常聞妙法 三十 住不退地 此依諸經 念佛生淨土 總
상문묘법 삼십 주불퇴지 차의제경 염불생정토 총

有三十種利益
유삼십종이익

또 다른 여러 경전에 의하면, 염불왕생에는 모두 30가지 이익이 있다고 하였다. 어떤 것들인가?

① 모든 죄를 멸한다.
② 공덕이 무변하다.
③ 모든 불법 가운데 수승하다.
④ 모든 부처님이 똑같이 증명하신다.
⑤ 모든 부처님이 같이 보호하신다.
⑥ 시방의 모든 부처님이 같이 믿고 염불하기를 권하신다.
⑦ 가지고 있는 질병이 염불하면 제거된다.
⑧ 임종 시에 마음이 전도되지 않는다.
⑨ 염불의 한 법이 많은 법을 포함하고 있다.
⑩ 목숨을 마칠 때에 부처님이 스스로 와 맞이하신다.
⑪ 적은 공덕을 사용하여 속히 정토에 왕생한다.
⑫ 연화대 가운데 화생化生한다.
⑬ 몸이 황금색이다.
⑭ 수명이 장원長遠하다.
⑮ 오래 살고 죽지 않는다.
⑯ 몸에는 광명이 있다.
⑰ 서른두 가지 상相을 갖춘다.
⑱ 여섯 가지 신통을 얻는다.
⑲ 무생법인을 얻는다.

⑳ 항상 모든 부처님을 친견한다.

㉑ 모든 보살들과 함께 반려자가 된다.

㉒ 향화와 음악으로 하루 여섯 때에 공양을 올린다.

㉓ 옷과 음식이 자연히 생기는 것이 오랫동안 계속되어 다함이 없다.

㉔ 자유로이 도에 나아가 바로 보리에 이른다.

㉕ 항상 젊고 늙은 모습이 없다.

㉖ 항상 건강하고 아플 때가 없다.

㉗ 다시는 세 가지 악도에 떨어지지 않는다.

㉘ 태어남이 자유자재하다.

㉙ 낮과 밤 여섯 때에 항상 묘한 법을 듣는다.

㉚ 불퇴전에 머무른다.

이것이 여러 경전에 의거한, 염불해서 정토에 태어나면 총 30가지 이익이 있다는 것이다.

又准涅槃經文 有五百群賊 爲曠野劫盜 波斯匿王捉
우 준 열 반 경 문 유 오 백 군 적 위 광 야 겁 도 파 사 닉 왕 착

得已後 排其兩目 斷其手足 棄在坑中 時賊衆中一人
득 이 후 배 기 양 목 단 기 수 족 기 재 갱 중 시 적 중 중 일 인

曾向佛邊聞說念佛救人苦難 遂轉相教 齊心念佛 爾
증 향 불 변 문 설 염 불 구 인 고 난 수 전 상 교 제 심 염 불 이

時諸賊同發願言 三稱佛名 眼目平復 手足如故 所以
시 제 적 동 발 원 언 삼 칭 불 명 안 목 평 복 수 족 여 고 소 이

知念佛利益不可思議
지 염 불 이 익 불 가 사 의

또 『열반경』에 의하면 "5백 명의 도적들이 넓은 들판에서 도둑질을 하였다. 이에 바사닉왕은 그들을 체포한 후 그들의 양 눈을 빼고, 그들의 손과 발을 절단하여 구덩이 속에 넣었다. 그때 도적 가운데 한 사람이 일찍이 부처님이 계신 곳을 갔었는데 거기에서 염불하면 사람들의 고통을 구해준다는 소리를 들은 기억을 하고 마음을 가지런히 하여 염불하였다. 그때 모든 도적들이 함께 원을 발하면서 세 번 부처님 명호를 외우니 눈은 평상시와 같이 회복되었고, 손과 발은 옛날과 같이 나왔다"라고 하였다. 이런 까닭에 염불하는 이익이 불가사의함을 알라.

又彼經中說 天竺國中有一優婆夷 信敬三寶 常好供
우 피 경 중 설 천 축 국 중 유 일 우 바 이 신 경 삼 보 상 호 공
養一切衆僧 中有一比丘 身患重病 良醫診瞻 須用人
양 일 체 중 승 중 유 일 비 구 신 환 중 병 양 의 진 첨 수 용 인
肉作臛 服之其病乃差 時優婆夷爲敬三寶故 遂割身
육 작 확 복 지 기 병 내 차 시 우 바 이 위 경 삼 보 고 수 할 신
肉 供養比丘 比丘食已 病卽得差 其優婆夷身瘡苦痛
육 공 양 비 구 비 구 식 이 병 즉 득 차 기 우 바 이 신 창 고 통
不能忍受 卽便念佛 苦痛總除 身瘡平復如故 所以知
불 능 인 수 즉 변 염 불 고 통 총 제 신 창 평 부 여 고 소 이 지
念佛利益不可思議
염 불 이 익 불 가 사 의

또 저 경에서 설하시기를 "천축국(인도)의 한 우바이(청신녀)가 있었는데 공경히 삼보를 믿고 항상 모든 승려들에게 공양하기를 좋아하였다. 그 가운데 한 비구가 몸에 중한 병이 걸려 용한 의사에게 진찰을 받아보니 사람 고기로 음식을 만들어 복용하면 그 병이 곧 쾌차할 것이라고 하였다. 그때 이 청신녀는 삼보를 공경히 믿고 존경하였기 때문에 결국 자기의 몸을 잘라 비구에게 공양하였다. 비구는 이를 먹고 난 후 곧 병이 나았다. 그 청신녀는 베어낸 몸의 고통이 심해 참기가 너무 어려워 바로 염불을 하니 고통은 모두 사라지고 몸은 옛날과 같이 회복되었다"라고 하였다. 이런 까닭에 염불의 이익이 불가사의함을 알라.

又准月燈三昧經云 非但身瘡平復 一切病苦 痛患 專
우 준 월 등 삼 매 경 운 비 단 신 창 평 복 일 체 병 고 통 환 전
心念佛 病苦總除 故彼經云 若遇垂死重病 苦痛逼迫
심 염 불 병 고 총 제 고 피 경 운 약 우 수 사 중 병 고 통 핍 박
無可療治 念佛三昧不捨 一切病苦悉除 所以善導闍
무 가 료 치 염 불 삼 매 불 사 일 체 병 고 실 제 소 이 선 도 사
梨 大行和上在日 有數箇疾病人 念佛總差
리 대 행 화 상 재 일 유 수 개 질 병 인 염 불 총 차

또 『월등삼매경』에 의해 말하면, "몸의 상처가 평상시와 같이 회복될 뿐만 아니라 모든 병고와 통증은 오롯한 마음으로 염불하면 모두 제거된다"고 하였다. 그러므로 저 경에서 이르기를 "죽을

중병에 걸려 고통이 닥쳐와 도저히 치료할 수 없을 때 염불삼매를 닦으면 부처님께서는 버리지 않으시고 모든 병고를 다 제거해주신다"고 하였다. 그러므로 선도대사와 대행화상은 날마다 여러 병든 사람들을 염불로 모두 쾌차하게 하였다.

自餘諸病念佛差者 無量 無邊 不可具說 非但念佛
자여제병염불차자 무량 무변 불가구설 비단염불
病得除差 近來此處有人念佛 前後感舍利數粒 每常
병득제차 근래차처유인염불 전후감사리수립 매상
供養 故知念佛利益難思議
공양 고지염불이익난사의

그 밖에 염불하여 여러 병이 완쾌된 사람은 헤아릴 수 없이 많아 일일이 다 열거할 수가 없다. 또한 염불하여 병이 나을 뿐만 아니라, 근래 이곳 사람들 중에 염불하기 전과 후에 사리가 여러 개 나온 이가 있어 날마다 공양을 올린다. 그러므로 염불의 이익은 생각으로 헤아리기 어려운 줄 알라.

4. 이미 왕생한 사람을 밝히는 문

第四 已得往生門問
제사 이득왕생문문

准阿彌陀經云 若已生 今生 當生 上來雖勸念阿彌陀
준아미타경운 약이생 금생 당생 상래수권념아미타

佛 未知現今往生許說多少數 自得生已不
불 미지현금왕생허설다소수 자득생이부

문 : 『아미타경』에서 말씀하신 것에 의하면, '혹은 이미 태어났고, 지금 태어나고, 장차 태어날 것이다'라고 하여 지금껏 비록 아미타불을 염하기를 권하고 있지만, 현재까지 왕생한 사람의 수가 얼마나 되는지 모르겠다. 이미 얼마나 왕생하였는가?

答 准淨土經云 娑婆世界已有六十七億不退菩薩 念
답 준정토경운 사바세계이유육십칠억불퇴보살 염

阿彌陀佛往生 他方國土亦復如是 往生者無量 無邊
아미타불왕생 타방국토역부여시 왕생자무량 무변

4. 이미 왕생한 사람을 밝히는 문

又准華嚴經云 德雲比丘 念阿彌陀佛 往生淨土 又准
우준화엄경운 덕운비구 염아미타불 왕생정토 우준

阿彌陀經 阿難 舍利弗等聞佛所說 歡喜信受 即得往
아미타경 아난 사리불등문불소설 환희신수 즉득왕

生 又准觀經 韋提希與五百侍女 念阿彌陀佛 往生淨
생 우준관경 위제희여오백시녀 염아미타불 왕생정

土 俱非菩薩 聲聞往生
토 구비보살 성문왕생

답 : 정토경전에 의해 말하면, 사바세계에 이미 67억이나 되는 불퇴전보살들이 있어 아미타불을 염하여 왕생하였다. 타방국토의 경우에도 또한 이와 같다고 하였으니, 왕생한 이들은 한량없고 끝없이 많다. 또 『화엄경』에 의해 말하면, 덕운비구[23]는 아미타불을 염하여 정토에 왕생하였다. 또 『아미타경』에 의하면, 아난과 사리불 등이 부처님이 말씀하신 것을 듣고는 기쁜 마음으로 믿고 받아 곧 왕생하였다. 또 『관무량수경』에 의하면, 위제희 부인과 5백 명의 시녀들이 아미타불을 염하여 정토에 왕생했으며, 보살뿐 아니라 성문들도 왕생하였다.

又近來 北都有綽禪師人 又有律師 西京善道闍梨 懷
우근래 북도유작선사인 우유율사 서경선도사리 회

---

[23] 덕운비구德雲比丘: 『화엄경』「입법계품」에서 선재동자가 방문한 53선지식 가운데 2번째 선지식. 그는 선재동자에게 염불법문과 보현행을 설하였다.

感法師 大行和上 幷僧法會等數百餘僧人 念阿彌陀
감법사 대행화상   병승법회등수백여승인   염아미타

佛往生淨土 非但僧等往生 西京 東京及餘諸處有數
불왕생정토 비단승등왕생   서경 동경급여제처유수

箇尼師 得往生淨土 非但尼得往生 西京 東都及餘諸
개니사 득왕생정토 비단니득왕생   서경 동도급여제

處亦有數箇白衣賢者幷優婆夷等 念阿彌陀佛 臨命
처역유수개백의현자병우바이등   염아미타불   임명

終時 得好境界 往生淨土 如是品類不可具說 如往生
종시 득호경계   왕생정토   여시품류불가구설   여왕생

傳 此卽是已往生者 有念佛法門 凡夫 二乘及諸菩薩
전 차즉시이왕생자   유염불법문   범부 이승급제보살

同行之敎
동행지교

또 근래에는 북도[24]에 도작선사라는 사람과 또 율사인 서경西京[25]의 선도善道아사리와 회감懷感법사, 대행大行화상, 그리고 승려 법회法會 등 수백여 명의 비구들이 아미타불을 염하여 정토에 왕생하였다. 이러한 승려(비구)들뿐만 아니라 서경과 동경東京[26] 및 여러 곳의 비구니들도 정토에 왕생하였다. 이러한 비구니들만 왕생한

---

24 북도北都: 북쪽 지방의 수도. 여기서는 도작대사가 교화한 지역인 병주(幷州: 현 산서성 太原市, 大同市 일대)를 말하는 것으로 보인다.
25 한나라와 당나라의 수도로서 지금의 장안長安을 말한다.
26 낙양洛陽을 말한다. 즉 장안을 서경이라고 부르듯이 낙양을 동경이라고 부른다.

것이 아니라 서경과 동도東都²⁷ 등 여러 곳에 있는 재가신자인 청신사와 청신녀들이 아미타불을 염하여 임종 시에 좋은 경계를 얻어 정토에 왕생하였다. 이와 같은 일들을 다 갖추어 말할 수가 없으니 『왕생전』에 나오는 것과 같다. 이는 바로 이미 왕생한 사람들은 염불법문에 있듯이 범부나 성문, 연각 및 모든 보살들이 다 같은 수행의 가르침에 따른 것이다.

---

27 낙양을 말한다.

5. 공덕을 비교하여 헤아려 보는 문

第五 校量功德門
제오 교량공덕문

問曰 准阿彌陀經中 不可以少善根 福德 因緣 得生
문왈 준아미타경중 불가이소선근 복덕 인연 득생

彼國 未知何者是少善根 何者是多善根
피국 미지하자시소선근 하자시다선근

문 : 『아미타경』에 따르면 "적은 선근과 복덕의 인연으로는 저 국토에 왕생할 수 없다"라고 하였는데, 아직 잘 모르겠다. 무엇이 적은 선근이고, 무엇이 많은 선근인가?

答曰 如來八萬四千法門 若望念佛法門 自餘雜善 總
답왈 여래팔만사천법문 약망염불법문 자여잡선 총

是少善根 唯有念佛一門 是多善根 多福德 何以得知
시소선근 유유염불일문 시다선근 다복덕 하이득지

准觀經中 下品下生人 十念成就即生淨土 一聲念佛
준관경중 하품하생인 십념성취즉생정토 일성염불
定得滅除八十億劫生死之罪 一念既能滅八十億劫生
정득멸제팔십억겁생사지죄 일념기능멸팔십억겁생
死之罪 明知還得八十億劫微妙功德 故知念佛一法
사지죄 명지환득팔십억겁미묘공덕 고지염불일법
即是多善根
즉시다선근

답 : 여래의 팔만 사천 가지 법문에서 만약 염불법문으로 바라보면 나머지 다른 잡선雜善은 모두 적은 선근(少善根)이고, 오직 염불의 한 문만이 많은 선근(多善根)이며 많은 복덕(多福德)이다. 무엇으로 알 수 있는가? 『관무량수경』에 의하면, 하품하생의 사람은 십념을 성취하면 곧 정토에 왕생하고, 한 번 소리 내어 염불하면 반드시 80억겁 생사의 죄를 멸한다고 하였다. 한 번의 염불이 이미 80억겁의 생사 죄를 멸할 수 있고, 게다가 80억겁의 미묘한 공덕을 얻을 수 있음을 분명히 알라. 그러므로 염불의 한 법이야말로 바로 많은 선근이다.

又自餘雜善是自力 修行之者多劫乃成 念佛修道乘
우자여잡선시자력 수행지자다겁내성 염불수도승
阿彌陀佛本願力故 疾則一日 遲則七日 便生淨土住
아미타불본원력고 질즉일일 지즉칠일 변생정토주
不退地 故阿彌陀經中 若有善男子 善女人 聞說阿彌
불퇴지 고아미타경중 약유선남자 선여인 문설아미

陀佛 執持名號 若一日 若二日 乃至七日 一心不亂
타불 집지명호 약일일 약이일 내지칠일 일심불란

其人臨命終時 阿彌陀佛與諸聖衆現在其前 是人終
기인임명종시 아미타불여제성중현재기전 시인종

時 心不顚倒 往生阿彌陀佛極樂國土 故知念佛一法
시 심부전도 왕생아미타불극락국토 고지염불일법

卽是多善根 多福德
즉시다선근 다복덕

또한 나머지 다른 잡선은 자력이라서 수행하는 사람이 오랜 세월을 지내야 비로소 성취하지만, 염불 수행은 아미타불의 본원력을 입기 때문에 빠르면 1일, 늦으면 7일에 곧 정토에 왕생하여 물러나지 않는 지위에 머무른다. 그렇기 때문에 『아미타경』 가운데 "만약 어떤 선남자 선여인 등이 아미타불에 대한 말을 듣고 명호를 굳게 지니고(執持)[28] 혹은 1일, 혹은 2일, 내지 7일 동안 일심으로 산란하지 않으면 그 사람이 임종할 때에 아미타불과 여러 성중들이 함께 그 사람 앞에 나타나신다. 이 사람은 목숨이 마칠 때에 마음이 전도되지 않고 아미타불의 극락국토에 왕생하느니라"라고 하셨다. 그러므로 염불의 한 법이 바로 다선근이요 다복덕임을 알라.

問曰 念佛一口能滅八十億劫生死之罪 不知幾許是劫
문왈 염불일구능멸팔십억겁생사지죄 부지기허시겁

---

28 굳게 지니고(執持): 여기서 말하는 집지執持란 부처님의 명호를 마음속에 굳게 간직하여 잊어버리지 않는 것이다.

문 : 염불하는 한 소리[29]가 능히 80억겁 생사의 죄를 멸한다고 하였는데, 알지 못하겠다. 얼마나 긴 세월이 겁인가?

答 一劫者 不可數得之爲劫 准教 取四十里石厚薄縱
답 일겁자 불가수득지위겁 준교 취사십리석후박종

廣各四十里 忉利天上有諸天衣 輕重三銖爲一分 取
광각사십리 도리천상유제천의 경중삼수위일분 취

三銖天衣 三年一廻 拂盡無石總作微塵 乃爲一大劫
삼수천의 삼년일회 불진무석총작미진 내위일대겁

답 : 일겁一劫이란, 수로 헤아릴 수 없는 것이 겁이다. 가르침에 의하면, 두께와 넓이가 각각 40리나 되는 돌이 있고, 도리천에는 하늘 옷이 있는데 무게는 3수銖가 1분分[30]이 된다. 3분이 나가는 하늘 옷으로 3년에 한 번씩 스쳐서 돌이 닳아 다 없어져 모두 먼지가 되는 것을 1대겁이라 한다.

有一箇人廣造罪業 或殺 盜 邪行 妄語 兩舌 惡口
유일개인광조죄업 혹살 도 사행 망어 양설 악구

---

29 원문에는 일구一口라고 하였다. 이 일구의 의미는 한 입이라는 뜻인데, 입으로 한 번 염불하는 소리, 곧 칭명염불 또는 지명염불을 말하는 것으로 보인다.

30 수銖, 분分: 둘 다 무게 단위이다. 수銖는 1냥兩의 24분의 1을 의미하고, 분分은 1돈(錢)의 10분의 1을 의미하기 때문에 아주 가벼운 것을 말하는 듯하다.

貪 嗔 邪見 五逆 不孝 誹謗大乘 一切惡業墮地獄
탐 진 사견 오역 불효 비방대승 일체악업타지옥
中 經八十億劫 若念佛 生死之罪總皆消滅 還得八
중 경팔십억겁 약염불 생사지죄총개소멸 환득팔
十億劫微妙功德 故知念佛一法 是多善根 多福德
십억겁미묘공덕 고지염불일법 시다선근 다복덕

어떤 사람이 널리 많은 죄업을 지었는데, 혹은 남의 생명을 죽이고, 남의 물건을 훔치며, 사사로이 음행을 하고, 거짓말하며, 이간질하는 말을 하고, 독한 말을 하며, 욕심을 내고, 화를 내며, 삿된 견해를 일으키고, 오역죄를 지으며, 부모에게 불효하고, 대승의 진리를 비방하는 등 이 모든 악업을 지어 지옥에 떨어져 80억겁을 지내게 된다. 그런데 만약 이 사람이 부처님을 염하면 생사의 죄가 모두 소멸되고, 게다가 80억겁의 미묘한 공덕을 얻게 되는 것이다. 그렇기 때문에 염불의 한 법이 다선근이며 다복덕임을 알아야 한다.

又算劫數 十千劫乃成一萬劫 十萬劫乃成一億劫 從
우산겁수 십천겁내성일만겁 십만겁내성일억겁 종
十億劫至八十億劫功德 有人一日念十萬口阿彌陀佛
십억겁지팔십억겁공덕 유인일일염십만구아미타불
者 或有人一日念得二十萬口 准阿彌陀經 一日 七日
자 혹유인일일염득이십만구 준아미타경 일일 칠일
念佛 功德無量 無邊 由多功德往生淨土 往生淨土
염불 공덕무량 무변 유다공덕왕생정토 왕생정토

即是八地已上菩薩　所以彌陀經中　十方諸佛同皆讚
즉 시 팔 지 이 상 보 살　소 이 미 타 경 중　시 방 제 불 동 개 찬

歎不可思議
탄 불 가 사 의

또 겁劫의 수로 계산하면 십천겁十千劫에서 1만겁을 이루고, 10만 겁에서 1억겁을 이루며, 10억겁으로부터 80억겁에 이르는 공덕이다. 어떤 사람이 하루 동안 10만 번 입으로 아미타불을 염하든가 혹 어떤 사람이 하루 동안 20만 번 입으로 염불한다면, 이를 『아미타경』에 의거해 보면, 1일 내지 7일간 염불하는 공덕이 한량없고 끝없으며, 이 많은 공덕으로 말미암아 정토에 왕생하며, 즉시 8지 이상의 보살이 된다. 그런 까닭에 『아미타경』에서는 시방에 계신 모든 부처님들[31]께서 모두 다함께 불가사의하다고 찬탄하신 것이다.

自餘雜善恐得畔際　算得頭數　故名少善根　是可思議
자 여 잡 선 사 득 반 제　산 득 두 수　고 명 소 선 근　시 가 사 의

---

[31] 시방에 계신 모든 부처님들(十方諸佛): 구마라집 삼장 번역의 『불설아미타경』에서는 육방에 계신 모든 부처님들(六方諸佛)로 나온다. 그런데 현장 삼장 번역의 『칭찬정토불섭수경』에서는 시방으로 나온다. 이는 모든 방위의 불국토에 계신 부처님들을 현장은 시방으로, 구마라집은 육방으로 줄여서 상징적으로 나타낸 것이라 볼 수 있다. 따라서 육방제불이나 시방제불이나 그 의미는 같다고 하겠다.

念佛功德 廣大無邊 非心所思 非口所議 是故經云
염불공덕 광대무변 비심소사 비구소의 시고경운
不可思議 故知念佛一法 是多善根 非餘善根所能及
불가사의 고지염불일법 시다선근 비여선근소능급
也
야

이 밖에 나머지 다른 잡선은 공덕의 한계를 헤아릴 수 있고 숫자로 헤아릴 수 있기 때문에 소선근이라 이름하며, 생각하여 헤아릴 수 있는 공덕이라 한다. 그러나 염불하는 공덕은 광대하고 끝이 없어 마음으로 생각할 바가 아니고 입으로 헤아릴 바가 아니기 때문에 경에서 '불가사의하다'고 한 것이다. 그러므로 염불의 한 법만이 다선근이며, 다른 나머지 선근은 이에 미치지 못하는 것임을 알라.

又挍量念佛功德 分爲三等 一 挍量一念 二 挍量十
우교량염불공덕 분위삼등 일 교량일념 이 교량십
念 三 挍量念一日 七日 准觀經中 念佛一口滅八十
념 삼 교량염일일 칠일 준관경중 염불일구멸팔십
億劫生死之罪 還得八十億劫微妙功德 唯一劫功德
억겁생사지죄 환득팔십억겁미묘공덕 유일겁공덕
尚不可思議 何況百劫 百劫功德尚不可思議 何況千
상불가사의 하황백겁 백겁공덕상불가사의 하황천
劫 千劫功德尚不可思議 何況萬劫 萬劫功德尚不可
겁 천겁공덕상불가사의 하황만겁 만겁공덕상불가

思議 何況一億劫 乃至八十億劫功德 不可知數 故言
사 의 하황일억겁 내지팔십억겁공덕 불가지수   고언
不可思議功德 所以觀無量壽經中 廣造五逆 謗方等
불가사의공덕 소이관무량수경중   광조오역   방방등
經罪 臨命終時 念阿彌陀佛十口 卽生淨土 此是下品
경죄 임명종시 염아미타불십구 즉생정토 차시하품
下生法 一念功德尙自無量 何況二念乃至十念
하생법   일념공덕상자무량   하황이념내지십념

또 염불의 공덕을 헤아려 보면 3등분으로 나눌 수 있다. 첫째는 한 번 염불을 헤아리는 것, 둘째는 열 번 염불을 헤아리는 것, 셋째는 1일과 7일 염불을 헤아리는 것이다.

『관무량수경』에 의하면 "입으로 한 번 염불하면 80억겁의 생사죄를 소멸하고 나아가 80억겁의 미묘한 공덕을 얻는다"고 하였다. 단지 1겁의 공덕도 불가사의한데 하물며 100겁의 공덕이겠는가! 100겁의 공덕도 불가사의한데 하물며 천겁의 공덕이겠는가! 천겁의 공덕도 불가사의한데 하물며 만겁의 공덕이겠는가! 만겁의 공덕도 불가사의한데 하물며 1억겁부터 80억겁에 이르는 공덕을 어찌 숫자로 알 수 있겠는가? 그러므로 '불가사의한 공덕'이라고 말한 것이다. 이런 까닭에 『관무량수경』에서는 "널리 오역죄를 짓고 방등경을 비방한 죄를 지었더라도 임종하려 할 때에 아미타불을 열 번[32] 염하면 곧 정토에 왕생한다"고 하였다. 이것은 하품하생

---

32 원문에는 십구十口라고 하였는데 이것은 아마도 입으로 열 번 염불하는

의 법이다. 1념의 공덕도 오히려 무량한데 하물며 2념 내지 10념이겠는가!

准觀經中 其人謗方等經 用常住僧物 廣破諸戒 世間
준 관 경 중　기 인 방 방 등 경　용 상 주 승 물　광 파 제 계　세 간

惡業盡造 臨命終時 稱念一口阿彌陀佛功德 所造罪
악 업 진 조　임 명 종 시　칭 념 일 구 아 미 타 불 공 덕　소 조 죄

業總皆消滅盡 往生淨土 所以經言 於一念中滅八十
업 총 개 소 멸 진　왕 생 정 토　소 이 경 언　어 일 념 중 멸 팔 십

億劫生死之罪 此是下品中生法
억 겁 생 사 지 죄　차 시 하 품 중 생 법

『관무량수경』에 의하면 "그 사람은 방등경을 비방하고, 사원의 상주물[33]을 개인적으로 사용하면서 널리 모든 계를 깨트리고 세간의 나쁜 업을 다 지었더라도, 임종하려 할 때에 입으로 한 번 아미타불을 부르고 염하는 공덕으로 지금까지 지은 죄업이 다 소멸되어 정토에 왕생한다"라고 하였다. 이런 까닭에 경전에서 "일념 가운데 80억겁 생사의 죄를 소멸한다"고 말한 것이다. 이것은 하품중생의 법이다.

것을 말한 것 같다.

33 상주물常住物: 시주가 대중 스님에게 준 돈이나 물건을 상주물이라 한다. 또한 사찰의 소유인 토지와 기물 등을 말하기도 한다.

5. 공덕을 비교하여 헤아려 보는 문

又問 罪障既多 何故念佛十口乃能除滅多劫等罪
우문 죄장기다 하고염불십구내능제멸다겁등죄

문 : 죄의 장애가 이미 많은데, 무슨 까닭에 입으로 열 번 염불하는 것으로 능히 다겁 동안 지은 죄를 소멸할 수 있는가?

答 十口佛名 定能除滅多劫等罪 何以得知 擧喻釋者
답 십구불명 정능제멸다겁등죄 하이득지 거유석자
譬如有人積薪千日 起火焚之 不經半日燒薪總盡 罪
비여유인적신천일 기화분지 불경반일소신총진 죄
業煩惱猶如柴薪 念佛功德猶如猛火 無量劫來罪障
업번뇌유여시신 염불공덕유여맹화 무량겁래죄장
由念十口阿彌陀佛功德 一切罪障總皆消滅
유염십구아미타불공덕 일체죄장총개소멸

답 : 입으로 열 번 부처님의 명호를 부르면 반드시 다겁 동안 지은 죄를 소멸한다. 무엇으로 알 수 있는가? 비유를 들어 설명하면, 예컨대 어떤 사람이 천 일 동안 섶을 쌓았는데 불로 그것을 태우면 반나절이 지나지 않아 섶이 다 타버리는 것과 같다. 죄업의 번뇌는 마치 섶을 쌓은 것과 같고 염불의 공덕은 활활 타오르는 불과 같아서 한량없는 세월 동안 내려온 죄의 장애라도 입으로 열 번 아미타불을 염하는 공덕으로 인해 일체 모든 죄의 장애가 다 소멸된다.

又罪障猶如闇室　念佛猶如明燈　千年闇室明燈纔照
우 죄 장 유 여 암 실　염 불 유 여 명 등　천 년 암 실 명 등 재 조
其闇悉除　念佛功德亦復如是　無量劫來罪障　由念阿
기 암 실 제　염 불 공 덕 역 부 여 시　무 량 겁 래 죄 장　유 염 아
彌陀佛功德　一切罪障悉消滅　故知念佛定能滅除多
미 타 불 공 덕　일 체 죄 장 실 소 멸　고 지 염 불 정 능 멸 제 다
劫等罪　故觀經云　汝稱佛名故　諸罪消滅　我來迎汝
겁 등 죄　고 관 경 운　여 칭 불 명 고　제 죄 소 멸　아 내 영 여

또 죄의 장애는 깜깜한 방과 같고 염불은 밝은 등불과 같다. 천년 동안의 깜깜한 방도 밝은 등불로 비추면 그 어두움이 다 제거된다. 염불하는 공덕도 또한 이와 같아서 한량없는 세월 동안 내려온 죄의 장애라도 아미타불을 염하는 공덕으로 말미암아 일체 모든 죄의 장애가 다 소멸된다. 그런 까닭에 염불은 반드시 다겁 동안 지은 죄를 소멸시키는 줄 알라. 그래서 『관무량수경』에서 말하기를 "네가 부처님의 명호를 부르는 까닭에 모든 죄가 소멸되어 내가 너를 맞이하러 온 것이다"라고 하였다.

又念佛十口功德尚自無邊　何況有人一日念得十萬口
우 염 불 십 구 공 덕 상 자 무 변　하 황 유 인 일 일 염 득 십 만 구
阿彌陀佛　一日念得二十萬口阿彌陀佛者　一日念佛
아 미 타 불　일 일 염 득 이 십 만 구 아 미 타 불 자　일 일 염 불
功德尚自無邊　何況二日乃至七日念佛功德
공 덕 상 자 무 변　하 황 이 일 내 지 칠 일 염 불 공 덕

또 입으로 열 번 염불하는 공덕이 오히려 끝이 없는데, 하물며 어떤 사람이 하루에 10만 번 아미타불을 염하고, 하루에 20만 번 아미타불을 염하는 것이랴! 하루에 염불하는 공덕이 오히려 끝이 없는데, 하물며 2일 내지 7일간 염불하는 공덕이랴!

准阿彌陀經 臨命終時 疾則一日 遲則七日 念佛即往
준 아 미 타 경　임 명 종 시　질 즉 일 일　지 즉 칠 일　염 불 즉 왕

生淨土 又云 衆生生者 皆是阿鞞跋致 即是八地菩薩
생 정 토　우 운　중 생 생 자　개 시 아 비 발 치　즉 시 팔 지 보 살

此是上品上生法 何以得知 喻如世間戶次相似 財寶
차 시 상 품 상 생 법　하 이 득 지　유 여 세 간 호 차 상 사　재 보

多者作上上戶 財寶少者作下下戶 念佛功德最多者
다 자 작 상 상 호　재 보 소 자 작 하 하 호　염 불 공 덕 최 다 자

生淨土作上上品 念佛最少者 作下下品
생 정 토 작 상 상 품　염 불 최 소 자　작 하 하 품

『아미타경』에 의하면 "임종할 때에 빠르면 1일, 늦어도 7일간 염불하면 곧 정토에 왕생한다"라고 하였고, 또 말하기를 "중생들이 왕생하면 모두 아비발치이다"라고 하였으니, 이는 바로 8지 보살이다. 이것은 상품상생의 법이다. 무엇으로 알 수가 있는가? 비유컨대 세간의 집이 차별이 있는 것과 같아 재보가 많은 사람은 가장 좋은 집을 짓고, 재보가 적은 사람은 가장 좋지 못한 집을 짓는다. 염불의 공덕이 가장 많은 사람이 정토에 왕생하면 상품상생에 태어나고, 염불 공덕이 가장 적은 사람은 하품하생에 태어난다.

如來雖說諸善功德八萬四千法門 唯有念佛一門是最
여 래 수 설 제 선 공 덕 팔 만 사 천 법 문   유 유 염 불 일 문 시 최

上法 如來雖說諸善功德 唯有念佛一法 是多善根 是
상 법   여 래 수 설 제 선 공 덕   유 유 염 불 일 법   시 다 선 근   시

多福德 自餘雜善 若望念佛 總是少善根 少福德 念
다 복 덕   자 여 잡 선   약 망 염 불   총 시 소 선 근   소 복 덕   염

佛法門實非餘門所及也 故知念佛一門 是多善根 多
불 법 문 실 비 여 문 소 급 야   고 지 염 불 일 문   시 다 선 근   다

福德
복 덕

여래께서 비록 모든 선근 공덕에 팔만 사천 가지 법문이 있다고 말씀하셨지만, 오직 염불의 한 문만이 최상법이다. 여래께서 비록 모든 선근 공덕을 설하였지만 오직 염불의 한 법만이 다선근이고 다복덕이다. 이 외에 나머지 다른 잡선은 만약 염불에서 바라보면 모두 적은 선근(少善根)이며 적은 복덕(少福德)이다. 염불법문은 실로 다른 수행문이 미칠 바가 못 된다. 그러므로 염불의 한 문이 다선근이고 다복덕임을 알라.

又念佛法 准諸經說 極甚難値 何以得知 大阿彌陀經
우 염 불 법   준 제 경 설   극 심 난 치   하 이 득 지   대 아 미 타 경

云 過去有一國王 能起信心 擬作念佛要法 遂至善知
운   과 거 유 일 국 왕   능 기 신 심   의 작 염 불 요 법   수 지 선 지

識所 志求念佛要法 爾時善友報大王言 此念佛要法
식 소   지 구 염 불 요 법   이 시 선 우 보 대 왕 언   차 염 불 요 법

極理難聞 大王貴聖 豈能學 王報大師 若能爲我說念
극리난문 대왕귀성 기능학 왕보대사 약능위아설염

佛要法者 吾當終身供給走使 爾時善友報大王云 王
불요법자 오당종신공급주사 이시선우보대왕운 왕

擬修念佛要法者 宜捨國位 此處供給 多時不退 卽爲
의수염불요법자 의사국위 차처공급 다시불퇴 즉위

王說念佛要法 爾時大王遂捨國位 卽隨善友供給所
왕설염불요법 이시대왕수사국위 즉수선우공급소

須 時世人民壽命無量 經八千歲 苦處先登 不避勞倦
수 시세인민수명무량 경팔천세 고처선등 불피로권

不生退轉 於其中間 兩度聞說念佛三昧 於後世 後時
불생퇴전 어기중간 량도문설염불삼매 어후세 후시

得值二萬八千諸佛 並爲王說念佛三昧 其王聞念佛
득치이만팔천제불 병위왕설염불삼매 기왕문염불

法故遂得成佛 何況今時得聞 至誠信念 豈不往生極
법고수득성불 하황금시득문 지성신념 기불왕생극

樂世界 億億衆生沈淪惡道 不得成佛 只爲不逢念佛
락세계 억억중생침륜악도 부득성불 지위불봉염불

法門 故知念佛極難逢
법문 고지염불극난봉

또 염불법은 여러 경전에서 설한 것에 의하면, 지극히 심오하여 그 가치를 알기 어렵다. 무엇으로 알 수 있는가? 『대아미타경』에서 말하기를 "과거에 한 국왕이 능히 신심을 일으켜 염불의 요법을 수행하고자 하여 드디어 선지식의 처소에 이르러 염불 요법을 구하려 하였다. 그때 선지식이 대왕에게 대답하기를 '이 염불

요법은 지극한 진리이기 때문에 듣기 어렵다. 대왕은 지위가 높은 고귀한 사람인데 어찌 배울 수 있겠는가?'라고 하니, 왕이 대사에게 대답하기를 '만약 나를 위하여 염불의 요법을 말해 주면 나는 마땅히 몸이 다하도록 공양을 올리고 받들겠습니다'라고 하였다. 그때 선지식이 대왕에게 대답하여 말하기를 '왕께서 염불의 요법을 닦으려고 하면 마땅히 국왕의 지위를 버리고, 이곳에서 공양을 올리되 오랜 시간 동안 뒤로 물러나지 않으면 곧 왕을 위하여 염불 법요를 설하겠소'라고 하였다. 그때 대왕은 드디어 왕위를 버리고 곧 선지식이 필요한 것을 공양하였다. 그 당시에는 세상 사람의 수명이 한량이 없어 8천 세나 되었고, 괴로운 곳은 먼저 오르고 피로함을 피하지 않았으며 뒤로 물러나려는 마음을 내지 않았는데, (왕은) 그 사이에 두 번이나 염불삼매를 설하는 소리를 들었으며, 그 후세에는 2만 8천이나 되는 모든 부처님을 친견하였는데, (그 부처님들은) 왕을 위하여 염불삼매를 설하였으며, 그 왕은 염불법을 들은 까닭에 드디어 성불하였다'라고 하였다. 그러니 하물며 오늘날 (염불법을) 듣고 지극히 진실한 마음으로 믿고 염불하면 어찌 극락세계에 왕생하지 못하겠는가? 수많은 중생들이 악도에 빠져 성불하지 못하는 것은 단지 염불법문을 만나지 못했기 때문이다. 그런 까닭에 염불은 지극히 만나기 어려운 줄 알라.

6. 재의 복을 헤아리는 문

第六 挍量齋福門
제육 교량재복문

問 念佛法門亦復持齋已不
문 염불법문역부지재이부

문 : 염불법문도 또한 재齋[34]를 지켜야 하는가?

答 念佛之法亦須持齋 大行和上一食持齋 長時無闕
답 염불지법역수지재 대행화상일식지재 장시무궐

---

34 재齋: 범어로는 uposadha라고 한다. 몸과 마음을 청정하게 가지고, 행위를 삼가며 늘 반성하는 마음으로 게을러지는 마음을 경계하는 것을 재계齋戒라 한다. 이 재계는 보통 8가지 계戒를 바탕으로 이루어졌기 때문에 팔관재계八關齋戒라고도 한다. 또 팔관재계 가운데 최후의 비시식계非時食戒는 정오를 지나면 먹지 말라고 하였다. 이러한 재계를 지키는 것을 재라 한다.

답 : 염불법문도 역시 재를 지켜야 한다. 대행화상은 하루 한 번만 먹는 재를 지키는 것을 오랫동안 허물지 않았다.

問 持齋得幾功德
문 지 재 득 기 공 덕

문 : 재를 지키면 얼마나 큰 공덕이 있는가?

答 大雲密藏經 齋法淸淨經 挍量齋福利經中所說 齋
답 대 운 밀 장 경 재 법 청 정 경 교 량 재 복 리 경 중 소 설 재
有五時 寅時齋者 得八萬四千億歲餘糧 卯時齋者 得
유 오 시 인 시 재 자 득 팔 만 사 천 억 세 여 량 묘 시 재 자 득
八萬億歲餘糧 辰時齋者 得六萬億歲餘糧 巳時齋者
팔 만 억 세 여 량 진 시 재 자 득 육 만 억 세 여 량 사 시 재 자
得四萬億歲餘糧 午時齋者 得五百日餘糧 午時後不
득 사 만 억 세 여 량 오 시 재 자 득 오 백 일 여 량 오 시 후 부
得成齋 得罪 無一分功德 言餘糧者 餘則不盡 故言
득 성 재 득 죄 무 일 분 공 덕 언 여 량 자 여 즉 부 진 고 언
餘糧 今生多足衣食 皆是過去持齋所獲
여 량 금 생 다 족 의 식 개 시 과 거 지 재 소 획

답 :『대운밀장경』과『재법청정경』,『교량재복이경』가운데 설한 것을 보면, 재에는 5시時가 있다. 인시[35]의 재에는 8만 4천억 세 동안 남아도는 양식을 얻고, 묘시[36]의 재에는 8만억 세 동안 남아도

---

35 인시寅時: 오전 3시부터 5시까지의 시간.

는 양식을 얻으며, 진시[37]의 재에는 6만억 세 동안 남아도는 양식을 얻고, 사시[38]의 재에는 4만억 세 동안 남아도는 양식을 얻으며, 오시[39]의 재에는 500일 동안 남아도는 양식을 얻는다. 오시 후로는 재가 성립되지 않으며, 죄를 얻고 한 푼의 공덕도 없다. 남아도는 양식(餘糧)이라 한 것은, '여餘'는 곧 다함이 없다는 의미이기 때문에 '여량'이라 말한다. 금생에 옷과 음식이 풍족한 것은 모두 과거에 재를 지켰기에 얻은 것이다.

所以大行和上說　念佛之人要須持齋　又譬如一日得
소 이 대 행 화 상 설　염 불 지 인 요 수 지 재　우 비 여 일 일 득

糧食　尚不可思議　何況十年糧食　十年糧食尚不可思
량 식　상 불 가 사 의　하 황 십 년 양 식　십 년 양 식 상 불 가 사

議　何況百年糧食　乃至百億　千億　萬億　八萬億糧食
의　하 황 백 년 양 식　내 지 백 억　천 억　만 억　팔 만 억 양 식

既准經說　故知持齋功德不可思議　念佛人要須持齋
기 준 경 설　고 지 지 재 공 덕 불 가 사 의　염 불 인 요 수 지 재

그런 까닭에 대행화상이 말하기를 "염불하는 사람은 모름지기 재를 지키는 것이 중요하다"고 하였다. 또 예컨대 하루의 양식을 얻는 것도 불가사의한데 하물며 10년의 양식을 얻는 것이랴!

---

36 묘시卯時: 오전 5시부터 7시까지의 시간.
37 진시辰時: 오전 7시부터 9시까지의 시간.
38 사시巳時: 오전 9시부터 11시까지의 시간.
39 오시午時: 오전 11시부터 오후 1시까지의 시간.

10년의 양식을 얻는 것이 불가사의한데 하물며 100년의 양식을 얻는 것이랴! 나아가 100억, 천억, 8만 억 년의 양식을 얻는 것이랴! 이미 경전에 의거하여 말했으므로, 재를 지키는 공덕이 불가사의함을 알아서 염불하는 사람은 모름지기 재를 지키는 것이 중요하다.

7. 의심하여 비방하면 죄를 얻는 문

第七 疑謗得罪門
제칠 의방득죄문

問 讚歎念佛得何功德 誹謗念佛得何罪
문 찬탄염불득하공덕 비방염불득하죄

문 : 염불을 찬탄하면 어떤 공덕을 얻고, 염불을 비방하면 어떤 죄를 얻는가?

答 准雜集經說 一度謗念佛人 千劫墮泥梨地獄 一度
답 준잡집경설 일도방염불인 천겁타니리지옥 일도
讚念佛人 滅却身中百劫極重惡業 大行和上說 人不
찬염불인 멸각신중백겁극중악업 대행화상설 인부
志心念佛 亦謗佛 故遂即謗法 直入阿鼻獄中 受諸苦
지심염불 역방불 고수즉방법 직입아비옥중 수제고
痛 無有出期
통 무유출기

답 : 『잡집경』에 의해 말하면 "한 번 염불을 비방한 사람은 천겁 동안 지옥에 떨어지고, 한 번 염불을 찬탄하는 사람은 몸 가운데 있는 백겁의 중한 악업이 제거된다"라고 하였다. 대행화상이 말하기를 "사람이 지극한 마음으로 염불하지 않으면 역시 부처님을 비방하는 것이 되기 때문에 결국 법을 비방하게 되어 바로 아비지옥에 들어가 온갖 고통을 받아 나올 기약이 없다"고 하였다.

又問 阿鼻地獄如何莊嚴
우문 아비지옥여하장엄

문 : 아비지옥은 어떻게 꾸며져 있는가?

答 阿鼻地獄者 觀佛三昧經說 縱 廣正等八千由旬
답 아비지옥자 관불삼매경설 종 광정등팔천유순

七重鐵城 七重鐵網 有七鐵幢 八萬四千劍林 八萬四
칠중철성 칠중철망 유칠철당 팔만사천검림 팔만사

千熱湯 銅狗 鐵蛇 鐵烏滿此獄中 一人入獄 亦皆遍
천열탕 동구 철사 철오만차옥중 일인입옥 역개변

滿 多人入中 亦復不窄 一墮此獄 長時受苦 無有出
만 다인입중 역부불로 일타차옥 장시수고 무유출

期 無有間隔 經八萬大劫 然後得出 復墮畜生 由謗
기 무유간격 경팔만대겁 연후득출 부타축생 유방

念佛法故 墮地獄中受無間苦 若不廻心念佛 無間等
염불법고 타지옥중수무간고 약불회심염불 무간등

罪無由得出 若能志誠念佛 無間等罪並皆消滅
죄무유득출 약능지성염불 무간등죄병개소멸

답 : 아비지옥이란 『관불삼매경』에서 말하기를 "세로와 넓이가 균등하게 정확히 8천 유순이며, 일곱 겹의 철로 된 성곽, 일곱 겹의 철로 된 그물, 일곱 겹의 철로 된 막이 있고, 8만 4천의 칼로 된 숲, 8만 4천의 열탕, 구리 개, 철 뱀, 철로 된 새가 이 지옥 가운데 가득 차 있다. 한 사람이 지옥에 들어가면 이런 것들이 두루 가득하고, 많은 사람이 들어가더라고 편안할 수 없다. 한 번 지옥에 들어가면 오랜 시간 고통을 받으며 나올 기약이 없고, 쉴 새 없이 고통을 받으며 8만 대겁을 지난 후에 나와 다시 축생으로 떨어진다. 염불법을 비방한 까닭에 지옥 가운데 떨어져 쉴 새가 없이 고통을 받는다. 만약 마음을 돌이켜 염불하지 않으면 무간無間 등의 죄[40]에서 벗어날 수가 없다. 그러나 만약 지성으로 염불할 수 있으면 무간 등의 죄가 모두 소멸된다"고 하였다.

又准法華經中見有讀誦 書持經者 輕賤 憎嫉而懷結
우 준 법 화 경 중 견 유 독 송　서 지 경 자　경 천　증 질 이 회 결

恨 即墮無間地獄 何況謗念佛之人 其人罪重 於謗誦
한　즉 타 무 간 지 옥　하 황 방 염 불 지 인　기 인 죄 중　어 방 송

經 讀經書經人 百千萬倍 所以大行和上 違情能忍
경　독 경 서 경 인　백 천 만 배　소 이 대 행 화 상　위 정 능 인

打罵莫報 恐招罪故
타 매 막 보　공 초 죄 고

---

[40] 무간無間이란 아비阿鼻를 의미하기 때문에 아비지옥(무간지옥)에 떨어지는 오역죄 등을 말하는 것 같다.

또 『법화경』에 의하면 "경을 독송하고 서사書寫하는 사람을 보고 가볍게 여기고 미워하고 질투하여 원한을 품으면 곧 무간지옥으로 떨어진다"고 하였다. 하물며 염불하는 사람을 비방한 사람의 죄는 경을 독송하고 경을 읽거나 서사하는 사람을 비방한 것보다 백천만 배나 무겁다. 이런 까닭에 대행화상은 거슬리는 감정을 능히 참으며 때리고 욕하더라도 보복하지 않으니, 죄를 초래할까 두렵기 때문이라고 하였다.

遺教經云 劫功德賊 無過嗔恚 甚於猛火 常當防護
유 교 경 운　겁 공 덕 적　무 과 진 에　심 어 맹 화　상 당 방 호
無令得入 猛火能燒世間諸珍寶 嗔心猛火能燒七聖
무 령 득 입　맹 화 능 소 세 문 제 진 보　진 심 맹 화 능 소 칠 성
財 是故念佛之人亦須忍辱 又華嚴經云 一念嗔心起
재　시 고 염 불 지 인 역 수 인 욕　우 화 엄 경 운　일 념 진 심 기
百萬障門生
백 만 장 문 생

『유교경』에서는 "공덕을 강탈하는 도적으로는 성냄보다 지나친 것이 없어 맹렬하게 타오르는 불보다 심하니 항상 마땅히 막고 보호하여 들어오지 못하게 해야 한다"라고 하였다. 맹렬한 불은 세간의 모든 값진 보배를 능히 태우며, 성내는 마음의 맹렬한 불은 능히 칠성재七聖財[41]를 태운다. 그러므로 염불하는 사람도

---

41 칠성재七聖財: 범어로는 sapta-dhanāni라고 하는데, 두 가지 의미가 있다.

역시 모름지기 인욕해야 하는 것이다. 또 『화엄경』에서는 "한 번 성내는 마음을 일으키면 백만 가지 장애가 생긴다"라고 설하였다.

又准觀經讚歎他好 自得功德 以罵他惡 自得罪報 何
우 준 관 경 찬 탄 타 호 자 득 공 덕 이 매 타 악 자 득 죄 보 하
以得知 報恩經云 均提沙彌爲罵上座 音聲如狗吠 均
이 득 지 보 은 경 운 균 제 사 미 위 매 상 좌 음 성 여 구 폐 균
提沙彌由一惡言 五百生中常作狗身 故知罵他 還自
제 사 미 유 일 악 언 오 백 생 중 상 작 구 신 고 지 매 타 환 자
得罪 又雜阿含經中說 有一人讚歎修道人善事勝妙
득 죄 우 잡 아 함 경 중 설 유 일 인 찬 탄 수 도 인 선 사 승 묘
五百生中常得端正 形貌殊好 口氣常香 遍體香潔 如
오 백 생 중 상 득 단 정 형 모 수 호 구 기 상 향 변 체 향 결 여
優鉢羅華香氣 逆風四十里聞香 故知讚他並得善報
우 발 라 화 향 기 역 풍 사 십 리 문 향 고 지 찬 타 병 득 선 보
念佛人兼須讚善
염 불 인 겸 수 찬 선

또 『관무량수경』에 의하면 "다른 사람의 좋은 점을 찬탄하면 스스

---

①7재라고도 하는데, 불도를 이루는 수행자가 갖추어야 할 7가지 성스러운 법을 재물에 비유한 것. 즉 믿음(信), 계율(戒), 참회(慙), 하심(愧), 경청(聞), 나눔(施), 지혜(慧)가 그것이다. ②견도見道 이후의 성자를 일곱 가지로 나누는 것. 즉 신신·계계·문문·참참·괴괴·사사·혜혜를 말하며, 혹은 신신·정진精進·참계慚戒·괴괴·문사聞捨·인욕忍辱·정혜定慧 등을 말한다.

로 공덕을 얻고, 다른 사람의 악을 미워하면 스스로 죄의 과보를 얻는다"라고 하였다. 왜 그런 줄 아는가? 『보은경』에서 말하길 "균제 사미가 상좌의 음성이 개와 같다고 욕하였다. 균제 사미는 한 번 악한 말을 한 연유로 500생 동안 항상 개의 몸을 받았다"고 한다. 그러기에 남을 욕하면 오히려 자신이 죄를 짓는 줄 알라. 또 『잡아함경』에서 말하길 "어떤 사람이 수도한 사람의 착한 일과 수승하고 묘한 일을 찬탄하면 500생 동안 항상 단정함을 얻고 형상이 수승하며, 입에서 나오는 숨은 항상 향기로우며, 온몸이 향기롭고 깨끗하기가 우담발화 꽃의 향기가 바람에 날려 40리 밖에서 향기를 맡는 것과 같다"라고 하였다. 그러므로 남을 찬탄하면 선한 과보를 얻는 줄을 알고 염불하는 사람은 모름지기 착한 일을 찬탄해야 한다.

准法華經云 不說他人好惡 長短 唯專念佛 速生淨土
준 법 화 경 운 불 설 타 인 호 악 장 단 유 전 념 불 속 생 정 토
不果沈淪
불 과 침 륜

『법화경』에 의해 말하면 "다른 사람의 좋고 나쁜 것과 장단점을 말하지 말라"고 하였다. 오직 전심으로 염불하여 속히 정토에 왕생하여 나쁜 과보에 빠지지 말아야 한다.

8. 서원하여 증득하기를 가르치는 문

第八 誓願證教門
제팔 서원증교문

問 既專念阿彌陀佛 定生淨土 定得無量功德 未審有
문 기전념아미타불 정생정토 정득무량공덕 미심유

何保證 令不遣信耶
하보증 영불견신야

문 : 이미 전심으로 아미타불을 염하면 반드시 정토에 왕생하여 반드시 무량한 공덕을 얻는다고 하였지만, 아직 자세히 모르겠다. 어떻게 증명하여 이 의심을 해결할 수 있겠는가?

答 大有保證 准阿彌陀經中 六方諸佛恒河沙數 出廣
답 대유보증 준아미타경중 육방제불항하사수 출광

長舌相 遍覆三千大千世界 說誠實言 不誑衆生 當信
장설상 변부삼천대천세계 설성실언 불광중생 당신

是本師釋迦牟尼佛說 念佛定得無量功德 一日 七日
시 본 사 석 가 모 니 불 설　염 불 정 득 무 량 공 덕　일 일　칠 일

稱念阿彌陀佛 定得往生淨土 一依此敎不生淨土 誑
칭 념 아 미 타 불　정 득 왕 생 정 토　일 의 차 교 불 생 정 토　광

汝 口中出舌已便當壞爛 不還入口 此是六方諸佛以
여　구 중 출 설 이 변 당 괴 란　불 환 입 구　차 시 육 방 제 불 이

願證處
원 증 처

답 : 확실히 증명할 수 있다. 『아미타경』에 의거하면 "육방에 계신 항하사와 같이 많은 모든 부처님들께서 넓고 긴 혀를 내미시어 삼천대천세계에 두루 덮으시며 진실한 말씀을 하셨다"[42]고 하였다. 이는 중생들을 속이는 것이 아니니, 마땅히 본사 석가모니불의 말씀, 곧 염불하면 반드시 무량한 공덕을 얻고, 하루나 7일간

---

42 '광장설상廣長舌相'은 부처님의 32상 가운데 하나로 매우 넓고 긴 혀를 말한다. 이 혀로 삼천대천세계를 덮는다는 말의 뜻은, 정토삼부경의 내용이 거짓이 아니고 진실하다는 것을 강조한 것이다. 석가모니 부처님의 혀는 그 얼굴을 덮을 정도로 크고 긴데, 이는 고대 인도인들의 '혀가 코를 덮으면 그 말이 거짓이 아니'라고 믿는 사고방식에서 유래하였다.
자은慈恩대사는 『아미타경소』에서 "여래는 작은 일을 증명하기 위해 단지 혀를 내밀어 얼굴을 덮거나, 혹은 머리까지 덮는다. 만약 큰일을 증명하시려 하면 곧 혀를 내밀어 삼천대천세계를 덮는다. 지금은 작은 인연의 결과에 집착하여 사람이 믿으려 하지 않음을 우려하신다. …… 이것은 더욱이 열반에 오르는 지름길이고, 가볍게 여길 일이 아니며, 이 증명은 마땅히 큰일이기 때문에 삼천대천세계를 덮는다"라고 했다.

아미타불을 칭념하면 반드시 정토에 왕생하게 된다는 말씀을 믿어야 한다. 한 번 이 가르침에 의지하였는데 정토에 태어나지 못한다면 (육방제불이) 중생을 속이는 것이 되어, 혀가 밖으로 나와 문득 헐고 문드러져 다시는 입으로 들어가지 못할 것이다. 이것이 육방의 모든 부처님들이 발원으로써 증명하신 것이다.

又准大寶積經　阿彌陀佛作法藏比丘時　發四十八大
우준대보적경　아미타불작법장비구시　발사십팔대

弘誓願中說　若我得成佛時　十方天人聞我名字　不得
홍서원중설　약아득성불시　시방천인문아명자　부득

菩薩無生法忍諸法總持者　不取正覺　生我國土不得
보살무생법인제법총지자　불취정각　생아국토부득

三十二相者　不取正覺　十念成就不生我國者　不取正
삼십이상자　불취정각　십념성취불생아국자　불취정

覺　若生我國中　更重墮地獄及三塗惡道者　不取正覺
각　약생아국중　갱중타지옥급삼도악도자　불취정각

生我國土　形貌不平　一有好醜者　亦不取正覺　生我國
생아국토　형모불평　일유호추자　역불취정각　생아국

中　不得天眼　天耳　六通自在者　不取正覺　十方衆生
중　부득천안　천이　육통자재자　불취정각　시방중생

稱我名字　不得十方諸佛　咨嗟讚歎我名者　不取正覺
칭아명자　부득시방제불　자차찬탄아명자　불취정각

若女人厭惡女身　求生我國　臨命終時　不轉女身成男
약여인염오여신　구생아국　임명종시　부전여신성남

子　復受女身者　不取正覺　言正覺者亦明菩提　若一切
자　부수여신자　불취정각　언정각자역명보리　약일체

衆生乘我願力 不得如上果報 我即不證無上菩提 即
중생승아원력　부득여상과보　아즉부증무상보리　즉

是誑諸衆生 我誓當在惡道中 不得無上菩提 此是阿
시광제중생　아서당재악도중　부득무상보리　차시아

彌陀二立誓願處
미타이립서원처

또 『대보적경』[43]에 의하면 "아미타불께서 법장비구로 있을 때 세운 48가지 큰 서원을 일으키셨는데, 그 서원에 말하기를,

　만약 내가 성불하였을 때 시방에 있는 하늘사람과 인간들이 나의 명호를 듣고 보살의 무생법인과 모든 법에 대한 총지總持를 얻지 못한다면 정각을 이루지 않겠습니다.

　만약 나의 국토에 태어난 사람이 32상을 얻지 못한다면 정각을 이루지 않겠습니다.

　만약 십념을 성취하여 나의 국토에 태어나지 못한다면 정각을 이루지 않겠습니다.

　만약 나의 국토에 태어나서 다시 지옥 및 삼악도에 떨어진다면 정각을 이루지 않겠습니다.

　나의 국토에 태어나서 모습이 평등하지 않고 좋고 나쁜 것이 있다면 또한 정각을 이루지 않겠습니다.

---

43 『대보적경』: 보리유지菩提流支가 번역한 『대보적경·무량수여래회無量壽如來會』를 말한다. 그런데 해당 원문을 보면 강승개康僧鎧 번역의 양권 『불설무량수경』에서 취한 것으로 보인다.

8. 서원하여 증득하기를 가르치는 문

만약 나의 국토에 태어나서 천안통 등 여섯 가지 신통을 자재하게 얻지 못한다면 정각을 이루지 않겠습니다.

만약 시방의 중생들이 나의 명호를 외우고 시방의 모든 부처님들이 저의 이름을 찬탄하지 않는다면 정각을 이루지 않겠습니다.

만약 여인이 여자의 몸을 싫어하면서 나의 국토에 태어나기를 원하였는데 임종 시에 여자의 몸을 바꾸어 남자의 몸을 이루지 못해 다시 여자의 몸을 받는다면 정각을 이루지 않겠습니다"라고 하였다.

여기서 정각이란 보리를 말한 것이다. 만약 '일체 중생들이 나의 원력을 입어 위와 같은 과보를 얻지 못한다면 나는 무상보리를 증득하지 않겠습니다'라고 한 이 말씀과 '중생을 속인다면 나는 맹세코 마땅히 악도 가운데 있으면서 무상보리를 이룰 수 없었을 것이다'라고 한 이 말씀은 아미타불께서 세우신 두 가지 서원이다.

又阿彌陀經云　說經之日　阿彌陀佛成佛已來　於今十
우 아 미 타 경 운　설 경 지 일　아 미 타 불 성 불 이 래　어 금 십

劫　阿彌陀佛既得成佛　念佛定得往生　又本師釋迦說
겁　아 미 타 불 기 득 성 불　염 불 정 득 왕 생　우 본 사 석 가 설

專念佛名亦爲難事　我行此念佛得無上菩提　說阿彌
전 념 불 명 역 위 난 사　아 행 차 염 불 득 무 상 보 리　설 아 미

陀經意者　爲本師釋迦因中發願　是故法華經中說　我
타 경 의 자　위 본 사 석 가 인 중 발 원　시 고 법 화 경 중 설　아

本立誓願　欲令一切衆　如我等無異　如我昔所願　今
본립서원　욕령일체중　여아등무이　여아석소원　금
者已滿足　化一切衆生　皆令入佛道　此是釋迦佛立誓
자이만족　화일체중생　개령입불도　차시석가불립서
願處
원처

또 『아미타경』에서 말하길 "아미타불께서 성불하신 지는 10겁이 지났다"고 한 것은 아미타불께서 이미 성불하셨기에 염불하면 반드시 왕생할 수 있다는 말이다. 또 본사이신 석가모니부처님께서 말씀하시기를 "오로지 부처님 명호를 염하는 것은 어려운 일이다. 나는 이 염불을 행하여 무상보리를 얻었다"라고 하셨다. 『아미타경』에서 이렇게 설한 뜻은 본사 석가모니부처님께서 인행시因行時[44] 중에서 발원하신 것이라는 말이다. 그런 까닭에 『법화경』에서 설하기를 "나는 본래 서원을 세워 일체 중생이 나와 같아 다름이 없도록 하고자 했는데, 내가 과거에 서원한 것과 같이 지금 이미 만족하게 되었으니 일체 중생을 교화하여 모두 부처님 도에 들어가게 하리라"라고 하였다. 이는 석가모니부처님께서 세우신 서원이다.

---

44 인행시因行時: 불과佛果에 도달하기 위해 과거 오랜 시간에 걸쳐 수행하는 단계를 말하는 것으로, 여기서는 석가모니부처님이 과거 성불하시기 전 보살로서 수행한 시기를 말한다.

又觀音經云 弘誓深如海 歷劫不可思議 侍多千億佛
우관음경운 홍서심여해 역겁불가사의 시다천억불

發大淸淨願 此是觀世音菩薩發願處
발대청정원 차시관세음보살발원처

또 『관음경』에서 말하길 "큰 서원은 바다와 같이 깊으니, 한량없는 세월을 지나면서 헤아릴 수 없이 많은 부처님을 모시면서 크게 청정한 서원을 세운 것이다"라고 했는데, 이는 관세음보살의 발원이다.

又善導闍梨 在西京寺內 與金剛法師挍量念佛勝劣
우선도사리 재서경사내 여금강법사교량염불승렬

昇高座遂發願言 准諸經中世尊說 念佛一法得生淨
승고좌수발원언 준제경중세존설 염불일법득생정

土 一日 七日 一念 十念阿彌陀佛定生淨土 此是眞
토 일일 칠일 일념 십념아미타불정생정토 차시진

實不誑衆生者 卽遣此堂中二像總皆放光 若此念佛
실불광중생자 즉견차당중이상총개방광 약차염불

法虛 不生淨土 誑惑衆生 卽遣善導於此高座上卽墮
법허 불생정토 광혹중생 즉견선도어차고좌상즉타

大地獄 長時受苦 永不出期 遂將如意杖指 一堂中像
대지옥 장시수고 영불출기 수장여의장지 일당중상

又皆放光 此是善導闍梨立誓願處
우개방광 차시선도사리입서원처

또한 선도아사리가 서경사西京寺에 있을 때 금강법사와 염불의 우열을 비교한 적이 있었는데, 그는 높은 법상에 올라 원을 일으켜 말하였다. "모든 경전 가운데 세존께서 말씀하신 것에 따르면, 염불의 한 법으로 정토에 태어날 수 있고, 하루나 이레, 일념이나 십념으로 아미타불을 염하면 반드시 정토에 태어난다고 하였다. 이것이 진실로 중생을 속이는 것이 아니라면 곧 이 법당 안의 두 불상에서 모두 광명을 놓을 것이다. 만약 이 염불법이 헛되어 정토에 태어나지 못하고 중생을 속이고 현혹시키는 것이라면 곧 선도는 이 높은 법상 위에서 곧바로 지옥에 떨어져 오랫동안 고통을 받으면서 영원히 벗어날 기약이 없을 것이다." 그러고 나서 드디어 여의장[45]으로 가리키니 법당 안의 불상이 모두 광명을 놓았다. 이것은 선도아사리가 서원을 세운 것이다.

又大行和尚言 若有人 能依阿彌陀經念佛 不取相貌
우대행화상언 약유인 능의아미타경염불 불취상모

心唯信佛 口唯稱佛 身唯敬佛 違情能忍 惡衣先著
심유신불 구유칭불 신유경불 위정능인 악의선착

麁食先喫 孝義幷仁慈 專心念佛 逢緣不退 至死不移
추식선끽 효의병인자 전심염불 봉연불퇴 지사불이

雜善及惡亦皆不作 唯專念佛 能如是者 大行皮中剝
잡선급악역개부작 유전념불 능여시자 대행피중박

---

45 여의장如意杖: 변화를 마음대로 부릴 수 있는 지팡이. 일반적으로는 큰스님들이 가지고 다니는 주장자를 말한다.

與作衣服著　肉中截割與作飯食喫　若依經念佛不生
여작의복착　　육중절할여작반사끽　　약의경염불불생

淨土　念一口佛　不滅八十億劫生死之罪　不得八十億
정토　염일구불　불멸팔십억겁생사지죄　부득팔십억

劫微妙功德　不剝皮與著　不割肉與喫　誑惑衆生　使大
겁미묘공덕　불박피여착　불할육여끽　광혹중생　사대

行立請交報　六根壞爛遍體生瘡　使人眼見苦痛難忍
행립청교보　육근괴란변체생창　사인안견고통난인

當來直入地獄更不再出　此是大行和上立誓願處
당래직입지옥갱부재출　차시대행화상립서원처

또 대행화상이 말하기를 "만약 어떤 사람이 능히 『아미타경』에 의지하여 염불하되 모양을 취하지 않고, 마음으로 오직 부처님을 믿고, 입으로는 오직 부처님을 부르며, 몸으로는 오직 부처님을 공경하고, 거슬리는 감정을 능히 참으며, 더러운 옷을 먼저 입고, 거친 음식을 먼저 먹으며, 효도하고 의로우며, 어질고 자비로우며, 전심으로 염불하면서 어떠한 반연을 만나더라도 물러서지 않으며, 죽음에 이르더라도 흔들리지 않고, 잡선과 악 또한 짓지 않으며, 오로지 염불할 수 있다면, 이 사람은 대행의 가죽을 벗기어 옷을 지어 입고, 살을 베어 음식을 만들어 먹는 것이다. 만약 경에 의지하여 염불하여도 정토에 태어나지 못한다면 입으로 한 번 부처님을 염하여 80억겁 생사의 죄도 멸해지지 않을 것이고, 80억겁 미묘한 공덕도 얻지 못할 것이며, 가죽을 벗기어 입지 못하고, 살을 베어 먹지 못할 것이다. 이는 중생을 기만하고 속이는 것이므로 이 대행화상에게 도리어 과보를 청하기를 '6근이 헐고 문드러져 온몸에 창병이 생기어 보는 이로 하여금 고통을 참기 어렵게 하고 미래에는 곧바로 지옥으로 들어가 다시는 나오지 못하게 하라"고 할 것이다. 이는 대행화상이 세운 서원이다.

又喻誓願猶如寶車　有諸寶車多載珍寶　擬上國王求
우유서원유여보거　유제보거다재진보　의상국왕구

官職 車載寶物 要須繩索縛束牢固 然始到京 不被傾
관직 거재보물 요수승색박속뢰고 연시도경 불피경

側 珍寶不失 王得寶物 遂與官職 念佛亦然 要須誓
측 진보불실 왕득보물 수여관직 염불역연 요수서

願 行始得成 不失念佛功德珍寶 乃至淨土早證菩提
원 행시득성 불실염불공덕진보 내지정토조증보리

若當無願所修行 行無由得成 故阿彌陀經 若有信者
약당무원소수행 행무유득성 고아미타경 약유신자

應當發願 生彼國土
응당발원 생피국토

또 서원을 비유하자면 마치 보배 수레와 같으니, 여러 보배 수레에 다 많은 값진 보배를 싣고 국왕에게 바쳐 그 대가로 관직을 구하려는 것과 같다. 수레에 보물을 실을 때 중요한 것은 밧줄로 단단히 묶고 에워싼 다음에야 비로소 수도에 이르러야 한다. 수레가 한쪽으로 기울거나 위태롭지 않아야 보배를 잃어버리지 않아서 보물을 얻게 된 왕이 드디어 관직을 주는 것이다. 염불도 역시 그러하여 중요한 것은 모름지기 서원을 세워 행해야 비로소 이룰 수 있으며, 염불 공덕의 값진 보배를 잃지 않고 곧 정토에 이르러 속히 보리를 증득할 수 있는 것이다. 만약 서원 없이 수행만 하면 수행이 이루어질 수 없다. 그러므로 『아미타경』에서는 "만약 믿음이 있는 이라면 마땅히 저 국토에 왕생하기를 발원해야 한다"라고 한 것이다.

9. 널리 다른 모든 가르침을 거두는 문

第九 廣攝諸敎門
제구 광섭제교문

念佛總持 辯才無礙 布施 持戒 忍辱 精進 禪定 智慧
염불총지 변재무애 보시 지계 인욕 정진 선정 지혜

及方便 願力 智無不具足 由念佛故 猶如如意寶珠
급방편 원력 지무불구족 유염불고 유여여의보주

所求皆得 若自能念佛 布施他人 敎他念佛 此卽當布
소구개득 약자능염불 보시타인 교타염불 차즉당보

施 由念佛故滅除諸罪 卽是持戒 惡法不生卽是忍辱
시 유염불고멸제제죄 즉시지계 악법불생즉시인욕

行住座臥 念佛名字不離心口 卽是精進 深信不疑 志
행주좌와 염불명자불리심구 즉시정진 심신불의 지

誠念佛 所生淨土不生退轉 卽是禪定 由久用功念佛
성염불 소생정토불생퇴전 즉시선정 유구용공염불

名號 一切經敎披文卽解 此卽智慧 是故念佛總持 辯
명호 일체경교피문즉해 차즉지혜 시고염불총지 변

才無礙
재 무 애

염불은 총지[46]·변재무애[47]·보시·지계·인욕·정진·선정·지혜·방편·원력·지智 등을 갖추지 않음이 없다. 부처님 염하기 때문이니, 염불은 마치 구하는 것을 다 얻을 수 있는 여의보주와 같다. 만약 자기도 염불하면서 다른 사람도 염불할 수 있게 가르친다면 이것이 바로 보시에 해당한다. 염불로 인해 모든 죄가 소멸되는 것은 곧 지계이다. 악한 법이 생기지 않는 것이 곧 인욕이다. 행주좌와의 모든 행동에 부처님의 명호를 마음과 입에서 여의지 않는 것이 곧 정진이다. 깊이 믿어 의심하지 않고 진실한 생각으로 염불하여 정토에 태어나 물러나지 않는 것은 곧 선정이다. 오랫동안 공功을 들여 부처님 명호를 진실한 마음으로 염하고, 일체 경전의 가르침을 펼쳐 문장을 바로 이해하는 것이 곧 지혜다. 그렇기 때문에 염불은 총지이고 변재무애이다.

---

[46] 총지總持: 다라니陀羅尼라고도 하고 간단히 주呪라고도 한다. '일체의 법을 총섭하여 무량무변의 의리를 지니다(總共一切法 持無量無邊的義理)'란 의미이다. 달리 말해 총지는 세간과 출세간의 한량없고 끝없는 일체의 불법佛法을 모두 총섭總攝하여 지니고 기억하여 절대 잊어버리지 않는 공덕의 성품을 말한다.

[47] 변재무애辨才無礙: 보살이 다른 사람에게 설법할 때 의리義理에 통달하고 말솜씨가 걸림 없이 유창한 것을 의미한다.

又准念佛 攝六度果報 何以 由念佛故往生淨土 衣食
自然 財寶總足 卽攝布施 由念佛故往生淨土 得男子
身 具六神通 卽攝持戒 由念佛故往生淨土 得端正可
喜三十二相 八十種好 卽攝忍辱 由念佛故當生淨土
水鳥 樹林 佛及菩薩總皆說法 聞是音已 皆自然生念
佛 念法 念僧之心 卽是精進 由念佛故生彼國已 更
無異緣 常住三昧故 卽是禪定也 生彼國已 自然解了
一切諸法 卽是智慧 故念佛一法攝六度果報 過於財
施百千萬倍

또 염불에 의하면 육바라밀(六度)의 과보를 거둔다. 왜 그런가? 염불로 인해 정토에 왕생하면 옷과 음식이 자연히 생기고, 재물과 보배가 모두 풍족하게 되니 이는 곧 보시의 과보를 얻는 것이다. 염불로 인해 정토에 왕생하여 남자의 몸을 얻고 여섯 가지 신통을 갖추게 되는 것은 곧 지계의 과보를 얻는 것이다. 염불로 인해 정토에 왕생하면 단정하고 만족스러운 32상 80종호를 얻게 되니 이는 곧 인욕의 과보를 얻는 것이다. 염불로 인해 마땅히 정토에 왕생하면 물·새·나무·숲·부처님·보살들 모두가 법을 설하는데, 이 소리를 듣고 나면 모두 자연히 부처님을 생각하고 법을 생각하고 스님을 생각할 마음이 자연히 생기는 것이 곧 정진이다. 염불로 인해 저 국토에 왕생하면 다시는 다른 반연이 없이 항상 삼매에 머무르기 때문에 이것이 곧 선정이다. 저 국토에 왕생하면 자연히 일체의 모든 법을 이해하게 되는데 이것이 바로 지혜이다. 그러므로 염불의 한 법은 육바라밀의 과보를 거두는 것이어서 재물 보시보다 백천만 배나 수승하다.

所以涅槃經云 念佛一口分作十六分功德 若有一人
소 이 열 반 경 운 염 불 일 구 분 작 십 육 분 공 덕 약 유 일 인

布施一世界眾生經三月 只將念佛十六分中一分功德
보 시 일 세 계 중 생 경 삼 월 지 장 염 불 십 육 분 중 일 분 공 덕

亦復勝彼 故知念佛過於財施百千萬倍
역 부 승 피 고 지 염 불 과 어 재 시 백 천 만 배

그래서 『열반경』에서는 "입으로 한 번 염불하는 공덕을 16분分으로 나눈다고 하자. 어떤 사람이 한 세계의 중생에게 보시하는 데 석 달이 걸렸다면, 단지 염불한 16분의 1의 공덕이 오히려 그것보다 수승하다"라고 하였다. 그러므로 염불은 재물 보시보다 백천만 배나 수승함을 알 수 있다.[48]

---

[48] 원문에는 여기까지가 '염불경본念佛鏡本'으로 되어 있고, 다음의 제10 석중의 혹문釋衆疑惑門부터는 '염불경말念佛鏡末'로 되어 있다.

10. 여러 가지 의혹을 해석하는 문

第十 釋衆疑惑門
제십 석중의혹문

問 諸有疑惑 請乞除斷 故般若云 若以色見我 以音
문 제유의혹 청걸제단 고반야운 약이색견아 이음

聲求我 是人行邪道 不能見如來者 何以故 念阿彌陀
성구아 시인행사도 불능견여래자 하이고 염아미타

佛往生淨土 得見如來
불왕생정토 득견여래

문 : 많은 의혹이 있으니 풀어 주기를 바란다.『반야경』(금강경)에서 말하길 "만약 색色으로써 나를 보거나 음성으로써 나를 구하는 사람은 사도邪道를 행하는 것이므로 여래를 볼 수 없다"고 하였다. 그런데 어찌하여 아미타불을 염하여 정토에 왕생하면 여래를 볼 수 있다고 하는가?

答　般若遮不見如來者　爲所一相貌及以音聲皆求人
　답　반야차불견여래자　위소일상모급이음성개구인

我　不求往生及無上菩提故　只行邪道不見如來
아　불구왕생급무상보리고　지행사도불견여래

답 : 『반야경』에서 여래를 보지 못한다고 막는 것은, 하나의 용모나 음성으로써 인아人我[49]를 구하려 할 뿐, 왕생을 구하지 않고 무상보리를 구하지 않기 때문이다. 그러므로 다만 삿된 도를 행하면 여래를 친견하지 못하는 것이다.

觀經　阿彌陀經等　應當起想念及專稱名號　不求人我
관경　아미타경등　응당기상념급전칭명호　불구인아

唯求擬生淨土　速證無上菩提　名正道　得見如來　若
유구의생정토　속증무상보리　명정도　득견여래　약

望法身　無相爲正　色相　音聲以得爲邪　此對十地已
망법신　무상위정　색상　음성이득위사　차대십지이

上菩薩
상보살

『관무량수경』과 『아미타경』 등에서 마땅히 생각을 일으켜 오로지

---

49 인아人我: 오온五蘊이 화합하여 이루어진 인신人身에 상일주재常一主宰하는 아(我, 아트만)가 있음을 말한다. 부처님의 가르침에 의하면 상주하는 나가 있다는 생각은 잘못된 견해(邪見)이며, 이를 인아견人我見이라 한다. 또는 인아를 인상人相과 아상我相으로 나누어 말하기도 한다. 인상은 나는 사람이므로 지옥의 중생이나 축생과 다르다고 집착하는 것이고, 아상은 오온 가운데 참다운 실아實我가 있다고 생각하는 것이다.

명호를 불러야 한다고 한 것은, 인아人我를 구하지 않고 오직 정토에 왕생하여 신속히 무상보리를 구하려는 생각이기에 정도正道라 이름하며, 여래를 친견할 수가 있다. 만약 법신法身[50]의 관점에서 보면 무상無相[51]이 올바름(正)이 되고 색상色相[52]과 음성으로써는 삿됨(邪)이 되니, 이것은 십지十地 이상의 보살에서 본 것이다.

觀經及阿彌陀經 觀一相好 及以聞名 見報身如來 此
관 경 급 아 미 타 경 관 일 상 호 급 이 문 명 견 보 신 여 래 차
對凡夫 二乘諸小菩薩 若望報身 觀佛稱名以將爲正
대 범 부 이 승 제 소 보 살 약 망 보 신 관 불 칭 명 이 장 위 정
無相爲邪 若對法身 所有即論無相
무 상 위 사 약 대 법 신 소 유 즉 론 무 상

『관무량수경』과 『아미타경』에서 하나의 상호를 관하고, 명호를 듣는 것으로써 보신여래報身如來[53]를 보는 것은 범부와 성문·연각

---

50 법신法身: 범어로는 Dharma-kāya라고 한다. 법불法佛·법신불法身佛·법성신法性身·자성신自性身·보불寶佛 등으로도 표현한다. 보신, 응신과 더불어 삼신三身의 하나로서 진리의 몸, 진리 그 자체를 말한다.
51 무상無相: 현상의 모양이 없는 것.
52 색상色相: 물질로 모양을 가지고 있는 것.
53 보신여래報身如來: 범어로는 vipakakāya·saṃbhogakāya이다. 오랜 수행 과정을 걸쳐 무궁무진한 공덕을 갖춘 여래의 몸을 의미한다. 이러한 몸을 갖춘 전형적인 예가 32상과 80종호로 나타난 부처님의 형상으로서, 가장 완벽한 진리의 구현체라 할 수 있다.

의 모든 소승 보살을 상대한 것이다. 만약 보신의 입장에서 보면 부처님을 관하고 명호를 부르는 것이 정도가 될 것이고, 무상無相은 사도가 될 것이다. 만약 법신의 입장에서 보면 있는 것은 다 무상이라 논한다.

又復說般若經時 世尊先向忉利諸天 爲母說法 當時
우 부 설 반 야 경 시 세 존 선 향 도 리 제 천 위 모 설 법 당 시

世尊初從天來至閻浮提 須菩提憶念世尊 入定觀佛
세 존 초 종 천 래 지 염 부 제 수 보 리 억 념 세 존 입 정 관 불

遂在先來 於時有一天女 不知所以 先見世尊 旣見佛
수 재 선 래 어 시 유 일 천 녀 부 지 소 이 선 견 세 존 기 견 불

已 女卽問佛言 我最在先見佛不 世尊言 汝在後見
이 여 즉 문 불 언 아 최 재 선 견 불 부 세 존 언 여 재 후 견

天女曰云 我初來到 無一人來見佛者 何故在後 世尊
천 녀 왈 운 아 초 래 도 무 일 인 래 견 불 자 하 고 재 후 세 존

語言 有須菩提 在先入定 除去人我 觀見法身 在天
어 언 유 수 보 리 재 선 입 정 제 거 인 아 관 견 법 신 재 천

女前 故在先見 女爲起人 我心 觀我色身故 在後見
녀 전 고 재 선 견 여 위 기 인 아 심 관 아 색 신 고 재 후 견

世尊爲對彼天女故 說頌言 若以色見我 以音聲求我
세 존 위 대 피 천 녀 고 설 송 언 약 이 색 견 아 이 음 성 구 아

是人行邪道 不能見如來 此頌卽對外道益當時 不忤
시 인 행 사 도 불 능 견 여 래 차 송 즉 대 외 도 익 당 시 불 오

未來世事 不同觀經
미 래 세 사 부 동 관 경

또한 『반야경』을 설하실 때 세존께서는 먼저 도리천으로 가시어 어머니를 위해 설법하시고, 때가 되어 세존께서는 처음 하늘로부터 염부제[54]로 내려오셨다. 수보리가 세존을 억념憶念하여 선정에 들어 부처님을 친견한 것이니 결국 (수보리가 부처님이 계신 곳에) 먼저 와 있게 된 것이다. 이때 한 천녀天女가 있었는데 이러한 것을 알지 못하고 부처님을 먼저 친견하였다고 생각하였다. 부처님을 친견한 천녀는 부처님께 여쭈어 말했다. "제가 가장 먼저 부처님을 친견한 것이 아닙니까?" 세존께서 말씀하셨다. "너는 나중에 보았느니라." 천녀가 다시 말하길 "제가 처음 왔을 때 한 사람도 와서 부처님을 본 사람이 없었는데 무엇 때문에 나중이라고 하십니까?"라고 하였다. 이에 세존께서는 "수보리가 먼저 선정에 들어 아상과 인상을 제거하여 법신을 친견하였기에 먼저 본 것이다. 너는 아상과 인상의 마음을 일으켜 나의 색신을 관한 것이므로 뒤에 친견한 것이다"라고 말씀하셨다. 그리고 부처님께서 그 천녀를 위해서 게송을 설하여 말씀하셨다. "만약 색으로써 나를 보거나 음성으로써 나를 구하는 사람은 사도邪道를 행하는 것이므로 여래를 볼 수 없다."고 하셨다.

---

54 염부제閻浮提: 범어로는 Jambu-dvīpa라고 한다. 수미산 남쪽에 있는 대륙이다. 수미산을 중심으로 인간세계를 동서남북 4대주로 나눌 때 염부제는 남주에 속한다. 이는 후세의 인간세계인 사바세계를 말하기도 한다. 여기서는 부처님 당시의 인도 땅을 말한다.

이 게송은 곧 외도外道에 대한 것으로 당시에도 이익이 있고 미래세의 일에도 틀리지는 않으나,『관무량수경』과는 맞지 않다.

又復般若爲遮外道計四大 五蘊是常 計色爲我 計聲
우 부 반 야 위 차 외 도 계 사 대　오 온 시 상　계 색 위 아　계 성

爲我 所以般若經遮彼外道 不見如來 今依觀經等 說
위 아　소 이 반 야 경 차 피 외 도　불 견 여 래　금 의 관 경 등　설

厭患門 願離生死 速生淨土 早證菩提 不觀我相 遂
염 환 문　원 리 생 사　속 생 정 토　조 증 보 리　불 관 아 상　수

見如來 不同般若
견 여 래　부 동 반 야

또『반야경』은 외도들이 사대와 오온[55]이 영원하다고 헤아리는 것을 차단한 것이다. 색을 나라고 헤아리고, 소리를 나라고 헤아리는 까닭에『반야경』에서는 저 외도들의 견해를 차단하여 여래를 보지 못한다고 하였다. 지금 이『관무량수경』등에 의하면, 이 세계와 이 육체의 환란을 싫어하고 생사를 떠나길 발원하여 속히 정토에 왕생하여 빨리 보리를 증득하길 설하고 아상我相을 관하지 않고 여래를 친견하기를 설한 것으로,『반야경』과는 같지 않다.

---

55 사대四大는 흙·물·불·바람 등 네 가지 원소를 말하고, 오온五蘊은 물질인 색色과 정신인 수受·상想·행行·식識을 말하는데 이것은 다 우리의 육체를 말한다.

問往生論云 女人及根缺 二乘種不生 觀經何故說韋
문 왕생론운 여인급근결 이승종불생 관경하고설위

提希幷五百侍女同得往生 中品三人 二乘往生
제희병오백시녀동득왕생 중품삼인 이승왕생

문 : 『왕생론』에서 말하기를 "여자와 불구자, 그리고 이승[56]은 태어나지 못한다"고 하였는데, 『관무량수경』에서는 무엇 때문에 "위제휘 부인과 500명의 시녀가 같이 왕생하였다고 하고, 중품의 세 부류 사람들[57]에서는 성문·연각이 왕생한다"라고 설하였는가?

答 准往生論說 女人 二乘 不往生者 爲無決定往生
답 준왕생론설 여인 이승 불왕생자 위무결정왕생

者性 女人唯愛女身 不求淨土 不肯念佛 論遮不生
자성 여인유애여신 불구정토 불긍염불 논차불생

二乘 根缺亦復如是 唯住小果 不生淨土 不解念佛
이승 근결역부여시 유주소과 불생정토 불해염불

所以不生 觀經及阿彌陀經等說 往生者 二乘 根缺及
소이불생 관경급아미타경등설 왕생자 이승 근결급

女人 廻心念佛 厭惡女身 自此已下 名對法論 更分
여인 회심염불 염악여신 자차이하 명대법론 갱분

爲六 一 念佛對三階門 二 念佛對彌勒門 三 念佛對
위육 일 염불대삼계문 이 염불대미륵문 삼 염불대

---

56 이승二乘: 소승인 성문聲聞과 연각緣覺을 말한다.

57 중품의 세 부류 사람들: 원문은 '중품삼인中品三人'이다. 『관무량수경』의 중품상생, 중품중생, 중품하생의 근기를 지닌 사람들을 말한다. 경에서는 세 부류의 사람들 모두 극락에 왕생한 후 아라한과를 얻는다고 나온다.

坐禪門 四 念佛對講說門 五 念佛對戒律門 六 念佛
좌선문 사 염불대강설문   오 염불대계율문 육 염불
對六度門
대 육 도 문

답 : 『왕생론』에서 "여인과 성문·연각이 왕생하지 못한다"고 말한 것은 왕생할 수 있는 성품이 결정되지 않았다는 뜻이다. 여인은 오직 여자의 몸을 애착하여 정토를 구하지 않고, 염불하기를 즐거워하지 않기에 논에서 왕생하지 못한다고 막은 것이다. 성문과 연각, 불구자도 또한 이와 같아 오직 소승의 과보에만 머물러 정토에 왕생하지 못하며, 염불을 이해하지 못하기 때문에 왕생하지 못한다고 한 것이다. 그런데 『관무량수경』과 『아미타경』 등에서 왕생한다고 한 것은 성문·연각, 그리고 불구자나 여인이 마음을 돌이켜 염불하고 여자의 몸을 싫어한 경우이다.

　이 아래부터는 법에 대하여 논하는 부분으로 다시 여섯 단원으로 나누었다. (1) 염불과 삼계교를 비교하는 문, (2) 염불과 미륵을 비교하는 문, (3) 염불과 좌선을 비교하는 문, (4) 염불과 강설을 비교하는 문, (5) 염불과 계율을 비교하는 문, (6) 염불과 육바라밀을 비교하는 문이다.

1) 염불과 삼계교를 비교하는 문

一 念佛對三階門
일 염 불 대 삼 계 문

問 三階法中 不坐僧床 不喫僧食 念佛法中 未知許
문 삼 계 법 중 부 좌 승 상 불 끽 승 식 염 불 법 중 미 지 허

喫僧食 坐僧床 及過齋已不
끽 승 식 좌 승 상 급 과 재 이 부

문 : 삼계법[58]에서는 승상[59]에 앉지 않고 승식[60]을 먹지 않는데,

---

58 삼계법三階法: 삼계교三階敎에서 세운 불법을 말한다. 삼계교는 수나라 시대 신행信行선사에 의해 세워진 교로 송나라 시대까지 약 400년간 존속되었다. 최상이근일승最上利根一乘의 근기를 제1계階라 하고, 이근利根으로써 정견正見을 가지고 있는 삼승三乘을 제2계라 하며, 이근이지만 혹은 공견空見에 머물고, 혹은 유견有見에 머물기 때문에 부처님도 교화할 수 없고, 불법으로도 제도할 수 없는 부류, 또는 근기가 둔하여 지은 죄를 참회할 줄 모르며, 오역죄와 열 가지 악을 저지르는 사람을 제3계라 한다. 이것을 시대에 의해 구분하면 부처님이 열반에 드신 후 1,000년에서 1,500년까지를 제1계 혹은 제2계라 하고, 그 이후의 말법시대를 제3계라 한다. 제1계와 제2계의 중생은 정견을 성취하여 애정이 없기 때문에 일승·삼승이 각각 별법別法을 배워서 생사를 해탈하고 보리를 얻지만, 제3계에 해당하는 중생들은 아견我見과 변견邊見에 걸려 있기 때문에 치우쳐 일승만을 배우거나 또 치우쳐 삼승만을 배우며, 혹은 치우쳐 아미타를 염하고, 편벽되이 법화法華만을 염하므로 이것을 사랑하고 저것을 미워하며, 저것은 그르다 하고 이것은 옳다고 하여 비방하는 죄를 지어 깊은 구렁이에 빠져 헤어날 길이 없다.

염불법 가운데에서는 승식을 먹고 승상에 앉으며, 정오를 지나 먹는 것을 허락하는 것인지 안 하는 것인지 알지 못하겠다.

答 念佛法中 通許僧食及坐僧床并過齋 何以故 爲念
답 염불법중 통허승식급좌승상병과재 하이고 위염

佛猶如國王 亦如王子 堪受國王祿捔 堪受如來作廕
불유여국왕 역여왕자 감수국왕녹승 감수여래작음

又佛猶如父母 念佛人猶如男女 合得父母飯食 衣服
우불유여부모 염불인유여남녀 합득부모반사 의복

床榻 臥具 所以通坐僧床及喫僧食并復過齋 難云 不
상탑 와구 소이통좌승상급끽승식병부과재 난운 부

坐僧床 不喫僧食 即是修道者 邊地下賤可應是修道
좌승상 불끽승식 즉시수도자 변지하천가응시수도

人 何以故 邊地下賤不坐僧床 不喫僧食 彼邊地下賤
인 하이고 변지하천부좌승상 불끽승식 피변지하천

既是非曰道 故此三階亦非修道
기시비왈도 고차삼계역비수도

답 : 염불법 중에서는 통상적으로 승식을 먹고 승상에 앉으며, 정오를 지나서 먹는 것을 허락한다. 무슨 까닭인가? 한 번 염불하면

그러므로 부처님은 보진普眞·보정普正의 법을 열어 삼계의 중생을 교화한다는 학설이다.

59 승상僧床: 비구가 평소 앉고 눕는 데 사용하는 일종의 평상.
60 승식僧食: 장로나 병든 비구들을 위하여 다른 승려들이 그들의 몫까지 걸식한 음식물.

마치 국왕과 같고 또한 왕자와 같아 국왕의 복과 음덕을 능히 받을 수 있듯이, 여래께서 지으신 복덕을 받을 수 있다. 또 부처님은 마치 부모와 같고, 염불하는 사람은 마치 남녀(자녀)와 같아 부모의 음식·의복·평상·의자·와구를 얻을 수 있다. 그런 까닭에 (염불하는 사람은) 승상에 앉을 수 있고 승식을 먹을 수 있으며, 아울러 정오를 지나서 먹을 수 있는 것이다.

힐난하여 말하면, 승상에 앉지 않고 승식을 먹지 않는 것만 가지고 곧 수도자修道者라고 한다면 별 볼일 없는 하천한 사람도 마땅히 수도자라 할 수 있다. 왜냐하면 별 볼일 없는 하천한 사람도 승상에 앉지 않고 승식을 먹지 않기 때문이다. 저 별 볼일 없는 하천한 사람을 이미 수도자라고 말하지 않는다. 그러기에 이들 삼계교 역시 수도자가 아닌 것이다.

問 三階稱惡衆生 念佛是好衆生 爲當亦是惡衆生彼
문 삼계칭악중생 염불시호중생 위당역시악중생피

문 : 삼계를 닦는 사람을 악한 중생이라 하고 염불하는 사람을 좋은 중생이라 하는데, 어찌하여 저들이 악한 중생인가?

答 不是惡衆生 何以得知 准一經云 若念佛者 是人
답 불시악중생 하이득지 준일경운 약염불자 시인

中芬陀利華 此華者 諸華中極好 若念佛者 一切人中
중분다리화 차화자 제화중극호 약염불자 일체인중

最好 故以爲喩 滅除諸罪故 是好衆生 三階爲罪不滅
최호 고이위유 멸제제죄고 시호중생 삼계위죄불멸
所以是惡衆生 難云 罪惡衆生卽是修道者 疾患之人
소이시악중생 난운 죄악중생즉시수도자 질환지인
應是修道 何以故 是惡衆生故 彼等患人非是修道 此
응시수도 하이고 시악중생고 피등환인비시수도 차
等三階亦非修道
등 삼 계 역 비 수 도

답 : (염불하는 사람은) 악한 중생이 아니다. 무엇으로 알 수 있는가? 한 경전(『관무량수경』)에 의하면 "염불하는 사람은 사람들 가운데 분다리화[61]와 같다"라고 하였다. 이 꽃은 모든 꽃 가운데 가장 좋은 꽃을 말한다. 만약 염불하는 사람이라면 모든 사람들 가운데 가장 좋기 때문에 이에 비유한 것이다. 모든 죄를 소멸할 수 있기 때문에 좋은 중생이고, 삼계교는 죄를 멸할 수 없기 때문에 악한 중생이라 한다.

힐난하여 말하면, 악한 중생을 수도자라 한다면 병이 있는 사람도 마땅히 수도인이라 할 수 있다. 왜냐하면 그들은 악한 중생이기 때문이다. 저들 병이 있는 사람은 수도인은 아니기 때문에 이들 삼계교 또한 수도인이 아니다.

---

61 분다리화芬陀利華: 범어로는 puṇḍarīka라 말하는데 흰 연꽃, 즉 백련화白蓮華이다. 이 꽃은 매우 크고 꽃잎파리가 수백 개나 되어 백엽화百葉華라고도 한다. 또 인간세계에는 없으나 인간들이 가장 좋아하는 꽃이므로 호화糊化라고 하고, 희귀하기 때문에 희유화希有華라고도 부른다.

問 三階法不許入寺 念佛法許入寺已不
문 삼계법불허입사 염불법허입사이부

문 : 삼계법은 사원에 들어가는 것을 허락하지 않는데, 염불법은 사원에 들어가는 것을 허락하는가 안 하는가?

答 念佛法中 許住持寺觀 何以故 現在住持好處 當
답 염불법중 허주지사관 하이고 현재주지호처 당

來擬生好國 擬證菩提 所以令住持寺 亦入伽藍寺舍
래의생호국 의증보리 소이령주지사 역입가람사사

好處 難曰 伽藍精舍好處 下惡衆生不令住 無上殊勝
호처 난왈 가람정사호처 하악중생불령주 무상수승

妙果 下惡衆生不可得
묘과 하악중생불가득

답 : 염불법에서는 사원에 머무는 것을 허락한다. 왜냐하면 현세에는 좋은 곳에 머무르고, 미래에는 좋은 나라에 태어나려고 생각하며, 보리를 증득할 것을 생각하기 때문에 사원에 머무를 수 있게 하며, 또한 가람이나 정사精舍처럼 좋은 곳에 들어갈 수 있게 한 것이다. 힐난하여 말하면, 가람이나 정사처럼 좋은 곳에는 천하고 악한 중생은 머무를 수 없으며, 위없고 수승한 묘과妙果를 천하고 악한 중생은 가히 얻을 수 없다.

問 三階法中 見形像及以諸經 不多恭敬 爲是泥龕
문 삼계법중 견형상급이제경 부다공경 위시니감

10. 여러 가지 의혹을 해석하는 문

四生衆生是真佛故 所以恭敬 念佛法中 未知敬佛像
사생중생시진불고 소이공경 염불법중 미지경불상

及經已不
급경이부

문 : 삼계법에서는 형상과 모든 경전을 보고 그다지 공경하지 않는 것은 니감泥龕[62]이기 때문이고, 사생四生[63]의 중생은 참된 부처님이기 때문에 공경한다. 염불법에서는 불상과 경전을 공경하는지 안 하는지 아직 알지 못하겠다.

答 念佛法曰 見佛形像及經 並遣恭敬 何以故 准報
답 염불법왈 견불형상급경 병견공경 하이고 준보

恩經中所說 釋迦牟尼佛向忉利天 爲母摩耶夫人說
은경중소설 석가모니불향도리천 위모마야부인설

法 經九十日 優塡大王憶念世尊 不能得見 遂遣巧匠
법 경구십일 우전대왕억념세존 불능득견 수견교장

造世尊形像一軀 一倣世尊 世尊從天下來至閻浮提
조세존형상일구 일방세존 세존종천하래지염부제

其優塡大王與諸群臣遂去迎佛 其形像佛亦迎世尊 世
기우전대왕여제군신수거영불 기형상불역영세존 세

---

62 니감泥龕: 진흙으로 만든 불상. 니泥는 진흙이라는 의미로 형상을 의미하고, 감龕은 신이나 부처를 모시는 감실이란 뜻으로 불상을 의미하지만 둘 다 감정이 없는 물질이라는 뜻은 같다.

63 사생四生: 태胎·란卵·습濕·화化. 불교에서 말하는 유정이 태어나는 네 가지 방식과 과정을 말한다.

尊共形像佛　一處並立　兩佛相似　遂將手摩形像佛頂
존공형상불　일처병립　양불상사　수장수마형상불정

語形像言　我將不久入涅槃　留汝久住世間　敎化衆生
어형상언　아장불구입열반　유여구주세간　교화중생

世尊尙自敬佛形像　罪惡衆生豈不敬耶
세존상자경불형상　죄악중생기불경야

답 : 염불법에서는 부처님의 형상과 경전을 다 공경한다. 왜냐하면 『보은경』에서는 "석가모니불께서 도리천에 올라가 어머니인 마야부인을 위해 설법하시느라 90일을 지내셨다. 우전대왕[64]은 부처님을 생각하는 마음을 참을 수가 없어 드디어 조각하는 사람으로 하여금 세존의 형상 한 구를 만들도록 하였는데 세존을 똑같이 모방하였다. 세존께서 하늘에서 염부제로 내려오실 때 우전대왕과 모든 신하들이 가서 부처님을 맞이하고, 형상도 함께 부처님을 맞이하였다. 세존이 형상과 함께 한 곳에 나란히 서니 두 부처님이 비슷하였다. 세존은 손으로 형상불의 이마를 만지면서 말씀하시기를 '나는 장차 머지않아 열반에 드니 너는 오랫동안 세간에 남아서 중생을 교화하라'고 하셨다"라고 하였기 때문이다. 부처님께서도 스스로 부처님의 형상을 공경하는데 죄악이 있는 중생이 어찌 공경하지 않겠는가!

---

64 우전대왕優塡大王: 범어로는 Udayana. 의역해서 출애出愛, 일자日子라고 한다. 부처님 당시 코삼비국의 왕이었다.

又准十輪經云 獵師被袈裟 象爲起恭敬 敬袈裟功德
우 준 십 륜 경 운　엽 사 피 가 사　상 위 기 공 경　경 가 사 공 덕

命終生忉利諸天 九十一劫受諸快樂 何以故 爲相似
명 종 생 도 리 제 천　구 십 일 겁 수 제 쾌 락　하 이 고　위 상 사

故 諸佛形像亦復如是 爲相似故 恭敬之者感得尊貴
고　제 불 형 상 역 부 여 시　위 상 사 고　공 경 지 자 감 득 존 귀

榮華 生天淨土 所以佛名經中 有盧舍那佛敬形像佛
영 화　생 천 정 토　소 이 불 명 경 중　유 노 사 나 불 경 형 상 불

盧舍那佛尚自敬形像佛 何況凡夫豈不敬耶
노 사 나 불 상 자 경 형 상 불　하 황 범 부 기 불 경 야

또 『십륜경』에 의해 말하면 "사냥하는 사람이 가사를 입고 있으니 코끼리가 공경하는 마음을 일으켰다. 가사를 공경하는 공덕으로 목숨을 마치고 도리천 등에 태어나 91겁 동안 모든 즐거움을 받았다"라고 하였다. 왜냐하면 비슷하기 때문에 공경한 것이다.[65] 모든 부처님의 형상도 또한 이와 같이 비슷하기 때문에 그것을 공경하는 사람은 존귀하고 영화로움을 감득하고 천상의 정토에 태어난다. 그런 까닭에 『불명경』에서는 "노사나 부처님도 부처님의 형상을 공경하였다"라고 하였다. 노사나 부처님도 스스로 부처님의 형상을 공경하는데 하물며 범부가 어찌 공경치 않겠는가!

---

65 코끼리가 가사 입은 사냥꾼을 공경한 까닭은 승려와 그 모습이 비슷하기 때문이라는 말.

又華嚴經云　念佛三昧當得見佛　命終之後生於佛前
우화엄경운　염불삼매당득견불　명종지후생어불전

彼人臨命終時　勸令念佛　爲示尊像令瞻敬故　故知華
피인임명종시　권령염불　위시존상령첨경고　고지화

嚴經中有遣恭敬形像佛　云何三階難云　一切形像是
엄경중유견공경형상불　운하삼계난운　일체형상시

涅龕　食來不合喫　一切牛驢是真佛　食來即合喫　一
니감　식래불합끽　일체우려시진불　식래즉합끽　일

切形像是涅龕　衣服供養不合著　一切衆生是真佛　昆
체형상시니감　의복공양불합착　일체중생시진불　곤

虫上得衣　云何合著　一切衆生是真佛　不合損　一年
충상득의　운하합착　일체중생시진불　불합손　일년

之中損生無頭數　殺佛之罪如何除得　一切衆生是真
지중손생무두수　살불지죄여하제득　일체중생시진

佛　身合安置勝妙處　自身既在好房舍　佛在下惡處
불　신합안치승묘처　자신기재호방사　불재하악처

豈成平等
기성평등

또 『화엄경』에서 말하기를 "염불삼매는 마땅히 부처님을 친견할 수 있고 목숨을 마친 후에 부처님 앞에 태어날 수 있다. 그 사람에게 임종할 때 염불하도록 권하고, 불상을 보여 우러러 공경하게 하라"고 하였다. 그렇기 때문에 알라. 『화엄경』에서도 부처님의 형상을 공경하라고 하는데 어찌하여 삼계교에서는 힐난하여 말하기를 '일체 형상은 니감이기에 밥이 오면 먹지 못하지만 일체의 소와 나귀는 참된 부처님이기에 밥이 오면 곧 먹는다고 하고, 일체

형상은 니감이기에 의복을 공양해도 입지 못한다'라고 하는가! 일체 중생이 참된 부처님이라면 곤충도 옷을 입을 수 있어야 하는데, 어떻게 입을 수 있겠는가! 일체 중생이 참된 부처님이라면 손상을 입을 수가 없는데, 1년 중에 손상을 입거나 생명을 잃은 숫자는 헤아릴 수가 없다. 부처님을 죽이는 죄를 어떻게 제거할 수 있겠는가! 일체 중생이 참된 부처님이라면 몸을 빼어나고 좋은 장소에 편안히 두어야 합당하다. 그런데 자기 몸은 이미 좋은 방에 있으면서 부처님을 더러운 곳에 있게 하면[66] 어찌 평등함을 이룰 수 있겠는가!

問曰 三階念地藏菩薩功德多少 如念阿彌陀佛
문왈 삼계염지장보살공덕다소 여염아미타불

문 : 삼계교에서 지장보살을 염하는 공덕이 아미타불을 염하는 공덕과 비교하여 많은가 적은가?

答曰 念阿彌陀佛功德 多於念地藏菩薩百千萬倍 何
답왈 염아미타불공덕 다어염지장보살백천만배 하

---

[66] 모든 중생이 참된 부처님이라면 모두 존귀하기에 좋은 곳에 있어야 한다. 그러나 현실적으로는 비참한 환경에서 사는 거지도 있고 더러운 곳에 사는 구더기도 있다. 삼계교의 논리에 의하면 이들도 다 평등한 부처님인데, 왜 더러운 곳에 있게 하는가 하고 반문하는 것으로 보인다.

以得知　准觀音經　有一人供養六十二億恒河沙菩薩
이득지　준관음경　유일인공양육십이억항하사보살

乃至一時　不如禮拜供養觀世音菩薩　十輪經云　一百
내지일시　불여예배공양관세음보살　십륜경운　일백

劫念觀世音　不如一食頃念地藏菩薩　群疑論曰　一大
겁염관세음　불여일식경염지장보살　군의론왈　일대

劫念地藏菩薩　不如一聲念阿彌陀佛　何以故　佛是法
겁염지장보살　불여일성염아미타불　하이고　불시법

王　菩薩爲法臣　如王出時　臣必隨從　大能攝小　佛是
왕　보살위법신　여왕출시　신필수종　대능섭소　불시

覺滿果圓　超諸地位　所以積念者功德最多　過於地藏
각만과원　초제지위　소이적염자공덕최다　과어지장

百千萬倍　菩薩未屬佛地　果未圓滿　故功德最少
백천만배　보살미속불지　과미원만　고공덕최소

답 : 아미타불을 염하는 공덕이 지장보살을 염하는 것보다 백천만 배나 많다. 무엇으로 알 수 있는가?

『관음경』에 의하면 "어떤 한 사람이 62억 항하사 보살에게 공양하는 것이 한때 관세음보살에게 예배하고 공양하는 것만 같지 않다"고 하였고, 『십륜경』에서는 "100겁 동안 관세음보살을 염하는 것이 밥 먹는 사이에 지장보살을 염하는 것만 같지 않다"고 하였다. 『군의론』[67]에서는 "1대겁 동안 지장보살을 염하는 것이 한 번 아미타불을 염하는 것만 같지 않다"라고 하였다. 왜냐하면

---

67 『군의론』: 선도대사의 제자인 회감懷感이 지은 『석정토군의론釋淨土群疑論』을 말한다.

부처님은 법왕이시고 보살은 법왕의 신하로서, 마치 왕이 출행할 때 신하는 반드시 따라야 하는 것과 같다. 큰 것은 능히 작은 것을 포섭한다. 부처님은 깨달음이 원만하고 과보도 원만하여 모든 지위를 초월하신다. 그렇기 때문에 부처님을 염해온 사람은 공덕이 가장 많아 지장보살을 염하는 것보다 백천만 배나 낫다. (지장)보살은 아직 부처님 지위에 속하지 않고, 과보도 원만하지 않기 때문에 공덕이 극히 적다.

問曰 念佛是一乘 三階非是一乘 何以故
문왈 염불시일승 삼계비시일승 하이고

문 : 염불만 일승이고 삼계교는 일승이 아닌가?

若是一階 容可是一乘 既言三階 豈成一乘義 又准法
약시일계 용가시일승 기언삼계 기성일승의 우준법
華經云 十方佛土中 唯有一乘法 無二亦無三 除佛方
화경운 시방불토중 유유일승법 무이역무삼 제불방
便說 言無二者 若望菩薩 即無緣覺 言無三者 若望
편설 언무이자 약망보살 즉무연각 언무삼자 약망
緣覺 即無聲聞 又言無二者 若望佛說 即一乘 無聲
연각 즉무성문 우언무이자 약망불설 즉일승 무성
聞 緣覺 何以故 二乘極果大乘初地 所以言無二 言
문 연각 하이고 이승극과대승초지 소이언무이 언
無三者 即無菩薩乘 爲十地因果未極故 所以無三
무삼자 즉무보살승 위십지인과미극고 소이무삼

답[68] : (그렇다) 만약 일계一階를 일승이라 한다면 이미 삼계를 말하였는데 어찌 일승의 뜻을 이루겠는가! 또 『법화경』에 의해 말하면 "시방의 불국토 가운데는 오직 일승법만이 있고 둘[69]도 없으며 또한 셋[70]도 없다"는 것은 부처님의 방편설[71]을 제외한 것이다. 둘도 없다고 말한 것은 만약 보살의 입장에서 보면 곧 연각이 없다는 것이고, 셋도 없다고 말한 것은 만약 연각의 입장에서 보면 곧 성문이 없다는 것이다. 또 둘이 없다고 말한 것을 만약 부처님 입장에서 보면 곧 일승만이 있고 성문과 연각이 없다는 것이다. 왜냐하면 이승(성문·연각)의 최대의 과(極果)는 대승의 초지初地이기 때문에 둘이 없다는 것이다. 셋이 없다고 말한 것은 곧 보살승이 없다는 것으로 십지 인과 중 아직 최대의 과인 불과가 아니기 때문에 셋이 없다고 한 것이다.

准法華經中 唯有一佛乘 息處故說二 今爲汝說實 汝
준 법 화 경 중 유 유 일 불 승 식 처 고 설 이 금 위 여 설 실 여

---

68 이 책의 구성이 묻고 대답하는 형식인데, 이 단원에서는 묻는 것은 있으나 대답(答曰)이라는 글이 없어 어느 부분까지 묻는 내용인지 확실히 알 수는 없으나 문맥상 여기서부터 대답하는 글이라 생각된다.
69 둘: 이승二乘인 성문승과 연각승을 말한다.
70 셋: 삼승三乘인 성문승, 연각승, 보살승을 말한다.
71 방편설: 이승과 삼승을 말한다.

所得非滅 爲佛一切智 當發大精進 故知佛者 覺滿果
소 득 비 멸　위 불 일 체 지　당 발 대 정 진　고 지 불 자　각 만 과
圓 超諸地位 是最上乘 稱究竟位 是名一乘 實非餘
원　초 제 지 위　시 최 상 승　칭 구 경 위　시 명 일 승　실 비 여
乘之所及也 故大行和上當在之日 亦有數箇三階 捨
승 지 소 급 야　고 대 행 화 상 당 재 지 일　역 유 수 개 삼 계　사
三階法 歸依和上念佛
삼 계 법　귀 의 화 상 염 불

『법화경』에 의하면 "오직 일불승만이 있으나, 쉬어 가는 곳[72]이기에 이승을 말한 것이다. 이제 너희들을 위해 진실(實)[73]을 말하니, 너희들이 얻은 것이 적멸(부처님의 깨달음)이 아니니 부처의 일체지를 위하여 마땅히 크게 정진하는 마음을 내야 한다"라고 하였다. 그러므로 알라. 부처란 깨달음이 원만하고 과보가 원만하여 모든 지위를 초월하는 최상승이어서 이를 구경위[74]라 부르고 일승이라 이름하니, 실로 다른 승乘이 미치지 못한다. 그러므로 대행화상은 그 당시에 여러 사람이 삼계교를 믿었는데, 삼계법을 버리고 화상의 염불에 귀의하라고 한 것이다.

---

72 쉬어 가는 곳(息處): 『법화경』 제3권 화성유품에서 여래께서는 일불승의 가르침을 두려워하는 중생들을 위해 방편의 힘으로 변화로 만든 성(化成: 성문과 연각을 의미)을 만들어 중도에 쉬어가게 했다고 한다.
73 진실(實): 일불승, 실상實相의 도리를 말한다.
74 구경위究竟位: 대승의 5위位의 하나로 일체 모든 번뇌를 끊고 없애 진리를 증득하여 최종의 부처님 과보에 도달한 지위를 말한다.

2) 염불과 미륵을 비교하는 문

第二 念佛對彌勒門
제이 염불대미륵문

問 念阿彌陀佛功德 多少念於彌勒
문 염아미타불공덕 다소염어미륵

문 : 아미타불을 염하는 공덕이 미륵보살을 염하는 공덕보다 많은가 적은가?

答 念阿彌陀佛功德 多於念彌勒百千萬倍 何以得知
답 염아미타불공덕 다어염미륵백천만배 하이득지

准經中說 阿彌陀佛現是覺圓果滿 超諸地位 所稱念
준경중설 아미타불현시각원과만 초제지위 소칭념

者功德最多 彌勒現是菩薩位中 未超諸地果未圓 故
자공덕최다 미륵현시보살위중 미초제지과미원 고

稱念之者功德狹少
칭념지자공덕협소

답 : 아미타불을 염하는 공덕이 미륵보살을 염하는 공덕보다 백천만 배나 많다. 무엇으로 알 수 있는가?

경전에 설한 것에 의하면, 아미타불은 현재 깨달음이 원만하고 과보가 원만하며, 모든 지위를 초월하시므로 (아미타불 명호를) 부르고 염하는 사람은 공덕이 가장 많다. 미륵은 현재 보살의 지위에 있어 아직 모든 지위를 초월하지 못하고 과보가 원만하지 못하기 때문에 그를 부르고 염하는 사람은 공덕이 적다.

問 何故不念彌勒生兜率天 云何念阿彌陀佛往生淨土
문 하고불염미륵생도솔천 운하염아미타불왕생정토

문 : 무슨 이유로 미륵을 염하여 도솔천에 태어나려 하지 않고, 어찌하여 아미타불을 염하여 정토에 왕생하려고 하는가?

答 爲兜率天不出三界 天報旣盡 還墮閻浮提 所以不
답 위도솔천불출삼계 천보기진 환타염부제 소이불
願生天 若往生淨土 出過三界 直截五道 一生彼國
원생천 약왕생정토 출과삼계 직절오도 일생피국
直至菩提 更不墮落 所以願生
직지보리 갱불타락 소이원생

답 : 도솔천은 삼계[75]를 벗어나지 못하여 하늘의 과보가 다하면 다시 염부제에 떨어지기 때문에 도솔천에 태어나는 것을 원하지 않는 것이다. 만약 정토에 왕생하면 삼계를 벗어나 곧바로 오도五道[76]를 끊으며, 한 번 저 나라에 왕생하면 곧바로 깨달음에 이르러

---

75 삼계三界: 우리가 끝없이 윤회하는 욕계欲界·색계色界·무색계無色界를 말한다.
76 오도五道: 육도六道에서 아수라를 뺀 다섯 세계로, 중생들이 왕래하는 곳이기 때문에 도道라 한다. 즉 지옥도地獄道·아귀도餓鬼道·축생도畜生道·인도人道

다시는 타락하지 않기 때문에 정토에 태어나기를 원하는 것이다.

又兜率天 少時受樂 彌陀佛國中樂最勝 故名爲極樂
우 도 솔 천　소 시 수 락　미 타 불 국 중 락 최 승　고 명 위 극 락
長時受樂無有限期 以是因緣 勝於兜率百千萬倍
장 시 수 락 무 유 한 기　이 시 인 연　승 어 도 솔 백 천 만 배

또 도솔천은 짧은 시간만 즐거움을 받지만, 아미타불 국토에서의 즐거움은 가장 수승하기 때문에 이름을 극락이라 하고, 오랜 시간 동안 기한 없이 즐거움을 누린다. 이러한 인연 때문에 도솔천보다 백천만 배나 수승하다.

何以得知 經中所說 一則 身相勝 彌陀佛國衆生生者
하 이 득 지　경 중 소 설　일 즉　신 상 승　미 타 불 국 중 생 생 자
皆具三十二相 兜率天人則無此相
개 구 삼 십 이 상　도 솔 천 인 즉 무 차 상

무엇으로 알 수가 있는가? 경에 설한 바에 의하면, 첫째는 몸의 모습이 수승하다. 아미타불 국토에 태어난 중생들은 모두 32상相을 갖추지만 도솔천 사람들은 이런 모습이 없다.

二則 徒衆勝 旣生淨土 與諸菩薩共爲伴侶 受男子身
이 즉　도 중 승　기 생 정 토　여 제 보 살 공 위 반 려　수 남 자 신

·천도天道.

無女人相 兜率天上男女雜居 不同菩薩
무여인상 도솔천상남녀잡거 부동보살

둘째는 도중徒衆[77]이 수승하다. 이미 정토에 태어나면 모든 보살들과 함께 동료가 되고, 남자의 몸을 받으며 여자의 모습이 없지만 도솔천에는 남녀가 섞여 거주하며, 보살과 같지 않다.

三則 壽命勝 兜率天上壽命四千歲 已還復却來 重墮
삼즉 수명승 도솔천상수명사천세 이환부각래 중타
閻浮提 彌陀佛國一去直至佛果 更不再來
염부제 미타불국일거직지불과 갱부재래

셋째는 수명이 수승하다. 도솔천의 수명은 4천 세이며 이후에 다시 돌아와 염부제로 떨어지지만, 아미타불 국토에는 한 번 가면 곧바로 불과佛果[78]를 이룰 때까지 다시는 오지 않는다.

四則 神通勝 彌陀佛國菩薩總六神通 兜率天上人無
사즉 신통승 미타불국보살총육신통 도솔천상인무
神通
신통

---

[77] 도중徒衆: 제자들의 무리. 여기서는 극락세계에 거주하는 보살과 성문 등의 성중聖衆, 대중들을 말한다.
[78] 불과佛果: 부처님의 과보를 이루는 것. 즉 부처님이 되어 복덕과 지혜를 원만히 구족하는 것을 말한다.

넷째는 신통이 수승하다. 아미타불 국토의 보살들은 모두 여섯 가지 신통이 있지만, 도솔천 사람들은 신통이 없다.

五則 果報勝 彌陀佛國衆生 衣服 飮食 香 華 瓔珞一
오즉 과보승 미타불국중생 의복 음식 향 화 영락일
切供具 自然化成不須造作 長時受用無有窮盡 兜率
체공구 자연화성불수조작 장시수용무유궁진 도솔
天上造作方成 縱有自然衣服 不得多時 四千歲已命
천상조작방성 종유자연의복 부득다시 사천세이명
欲終時 有五衰相 一則 頭上華萎 二則 腋下汗出 三
욕종시 유오쇠상 일즉 두상화위 이즉 액하한출 삼
者 起坐不定 四者 氣力衰微 諸天免其眷屬 五者 多
자 기좌부정 사자 기력쇠미 제천면기권속 오자 다
諸棹擧 不如極樂世界百千萬倍
제도거 불여극락세계백천만배

다섯째는 과보가 수승하다. 아미타불 국토의 중생들은 의복과 음식·향화·영락 등 일체의 공양구가 자연히 변화하여 이루어지기에 만들 필요가 없으며, 오랫동안 사용하더라도 다함이 없다. 그러나 도솔천에는 만들어야만 비로소 이루어지고, 비록 자연히 생긴 의복이라도 오랫동안 얻을 수 없고, 4천 세가 되어 목숨이 마치려 할 때에는 다섯 가지 쇠퇴한 모습(五衰相)이 된다. ①머리 위의 화관이 시들고, ②겨드랑이에서 땀이 나오며, ③일어나고 앉는 데에 안정되지 않고, ④기력이 쇠잔하여 모든 하늘에서

10. 여러 가지 의혹을 해석하는 문

그 권속을 피하며, ⑤모든 행동이 들떠 있다. 그래서 극락세계보다 백천만 배도 안 된다.

問 當來彌勒下生之時 三會說法 度諸衆生 得阿羅漢
문 당래미륵하생지시 삼회설법 도제중생 득아라한
果 何以不願求生 云何求生彌陀佛國
과 하이불원구생 운하구생미타불국

문 : 미래에 미륵보살이 하생下生할 때 세 번에 걸쳐 법을 설하여 모든 중생들을 제도하여 아라한과[79]를 얻게 한다고 하는데, 왜 도솔천 왕생을 원하지 않고, 어찌하여 아미타 국토에 왕생하기를 구하는가?

答 彌勒未下生來 不可待得 何以得知 經中所說 釋
답 미륵미하생래 불가대득 하이득지 경중소설 석
迦牟尼佛入涅槃後 經五十六億七千萬歲 然始下生
가모니불입열반후 경오십육억칠천만세 연시하생
人壽八萬四千歲時 彌勒乃出 准法王本記 釋迦涅槃
인수팔만사천세시 미륵내출 준법왕본기 석가열반
已來 始有一千七百餘年 全未擬來 不可候待 衆生命
이래 시유일천칠백여년 전미의래 불가후대 중생명

---

79 아라한과阿羅漢果: 아라한은 범어로 arhan으로 소승의 네 가지 깨달음 가운데 마지막 최고의 깨달음을 얻는 것을 말한다. 한문으로 의역하여 응공應供・불생不生・무생無生・응진應眞・진인眞人 등으로 번역된다. 아라한과는 소승에서 얻는 최고의 깨달음이다.

短 恐沈苦海 多劫受殃 不値彌勒 唯阿彌陀佛現在說
단 공침고해 다겁수앙 불치미륵 유아미타불현재설

法 住極樂世界 廣度眾生 歸依西方早證道果 勝於彌
법 주극락세계 광도중생 귀의서방조증도과 승어미

勒百千萬倍 設値彌勒三會 說法廣度諸人 得阿羅漢
륵백천만배 설치미륵삼회 설법광도제인 득아라한

小乘極果 若望大乘 始到初地 億億眾生不逢彌勒佛
소승극과 약망대승 시도초지 억억중생불봉미륵불

念阿彌陀佛求生淨土 卽是八地已上菩薩 疾則一念
염아미타불구생정토 즉시팔지이상보살 질즉일념

十念 遲則一日 七日 稱念阿彌陀佛卽生淨土 實過彌
십념 지즉일일 칠일 칭념아미타불즉생정토 실과미

勒百千萬倍
륵백천만배

답 : 미륵보살은 아직 하생하여 오시지 않아 기다릴 수가 없다. 무엇으로 알 수가 있는가?

경전에서 설하기를 "석가모니부처님이 열반에 드신 후 56억 7천만 년이 지난 연후에야 비로소 하생하며, 인간들의 수명이 8만 4천 세일 때 미륵이 이 세상에 오신다"라고 하였다. 『법왕본기』에 의하면, 석가모니부처님이 열반하신 이래 바야흐로 천칠백여 년이 지났지만 확실히 오신다고 생각할 수 없어 때를 기다릴 수가 없다. 중생의 수명이 짧기에 고통의 바다에 빠져 많은 세월 동안 재앙을 받으며 미륵을 만나지 못할까 두렵다. 오직 아미타불께서는 현재 법을 설하고 계시고 극락세계에 머무시면서 널리 중생을 제도하고 계시니, 서방정토에 귀의하여 속히 도과를 증득하는 것이 미륵(의 도솔천에 왕생하는 것)보다 백천만 배나 수승하다. 설사 미륵께서 세 번에 걸쳐 법을 설하여 모든 사람을 제도하시는 것을 만나 소승의 극과인 아라한과를 얻더라도, 만약 대승의 견지에서 본다면 처음의 초지에 이른 것이고, 수많은 중생들은 미륵불을 만나지도 못할 것이다. 그러나 아미타불을 염하여 정토에 왕생하기를 구하면 곧바로 8지 이상의 보살이다. 빠르면 일념이나 십념이고, 늦으면 하루나 이레 동안 아미타불을 부르고 염하면 곧바로 정토에 왕생할 수 있으니, 실로 미륵보다 백천만 배나 초월한다.

又復本師說彌陀經之日 彌勒菩薩亦在會中 阿逸多
우 부 본 사 설 미 타 경 지 일   미 륵 보 살 역 재 회 중   아 일 다
菩薩是也 彌勒尚念阿彌陀佛 何況未來諸眾生豈不
보 살 시 야   미 륵 상 염 아 미 타 불   하 황 미 래 제 중 생 기 불
念耶 大行和上在日 數箇彌勒業人 廻心念阿彌陀佛
염 야   대 행 화 상 재 일   수 개 미 륵 업 인   회 심 염 아 미 타 불

또한 본사 석가모니불께서 『아미타경』을 설하실 때 미륵보살은 모임 가운데 아일다보살[80]로 계시었다. 미륵보살조차도 아미타불을 염하셨는데 하물며 미래의 모든 중생이 어찌 염하지 않겠는가!

---

80 아일다보살: 범어 Ajita의 음역으로 미륵보살을 말한다.

대행화상은 날마다 여러 곳에서 미륵의 업(彌勒業)을 닦는 사람들에게 마음을 돌이켜 아미타불을 염하라고 하였다.

又念佛法 准佛經教 後末法時 諸法總滅 特此念佛正
우 염 불 법　준 불 경 교　후 말 법 시　제 법 총 멸　특 차 염 불 정

法 止住百年 教化衆生 故知念佛不可思議
법　지 주 백 년　교 화 중 생　고 지 염 불 불 가 사 의

또 염불법을 부처님 경전의 가르침에 의거하면 '후대 말법시기에 모든 법이 다 멸하지만, 특별히 이 염불의 정법은 백 년간 더 머물러 중생을 교화한다'[81]고 하였다. 그러므로 염불이 불가사의함을 알라.

---

81 이는 『무량수경』(하권) 유통분에 나오는 다음 문장의 변형이다. "미래 세상에 경전의 가르침이 다 멸한다 해도 나는 자비와 애민으로써 특별히 이 경전을 백 년 동안 더 머물게 할 것이니……." 경문에서는 '이 경전', 곧 『무량수경』을 백 년 동안 더 머물게 하겠다고 하였는데, 여기서는 염불정법念佛正法을 백 년간 더 머물게 하겠다고 하였다. 그 이유는 『무량수경』에서 가르치는 핵심이 바로 염불이기 때문이다.

3) 염불과 좌선을 비교하는 문

第三 念佛對坐禪門
제삼 염불대좌선문

問 念阿彌陀佛 何如坐禪看心 作無生觀
문 염아미타불 하여좌선간심 작무생관

문 : 아미타불을 염하는 것과 좌선하며 마음을 관하고 무생관無生 觀[82]을 짓는 것은 어떤가?

答 念阿彌陀佛往生淨土 速成佛果 勝於無生觀門百
답 염아미타불왕생정토 속성불과 승어무생관문백

千萬倍 何以得知 准維摩經言 譬如虛空造立宮室 終
천만배 하이득지 준유마경언 비여허공조립궁실 종

不能成 地上造作隨意無礙 無生看心亦如是 何以故
불능성 지상조작수의무애 무생간심역여시 하이고

無生卽是無相 無相卽是虛空 所以難成
무생즉시무상 무상즉시허공 소이난성

답 : 아미타불을 염하여 정토에 왕생하여 속히 부처님의 과보를 증득하는 것이 무생관문無生觀門보다 백천만 배나 수승하다. 어찌하여 그런 줄 아는가?

---

[82] 무생관無生觀: 일체 모든 현상은 그 본질에 있어서 실체가 없고 공空하므로 생멸生滅하는 변화가 없다고 관하는 것.

『유마경』에 의하여 말하면 "예컨대 허공에다 궁전을 만들어 세우려고 하면 결국 이룰 수 없지만, 땅 위에다 지으면 뜻대로 되어 장애가 없다"고 하였다. 무생無生의 마음을 관하는 것 또한 이와 같다. 왜냐하면 무생이 곧 무상無相이고, 무상이 곧 허공인 까닭에 이루기 어려운 것이다.

念佛之法 事理雙修 猶如地上造立宮室 所以易成 如
염불지법 사리쌍수 유여지상조립궁실 소이이성 여

貧人少乏財寶 學他王家造立舍宅 雖辦辦得少分材
빈인소핍재보 학타왕가조립사댁 수판판득소분재

木 從生至死終不能成 後時材木爛壞 虛費功程無有
목 종생지사종불능성 후시재목란괴 허비공정무유

成就 無生亦爾 爲功德法財不得成就 枉用功夫無有
성취 무생역이 위공덕법재부득성취 왕용공부무유

成益 念佛法門則不如是 由念佛一口 滅除八十億劫
성익 염불법문즉불여시 유염불일구 멸제팔십억겁

生死之罪 還得八十億劫微妙功德 如富兒造宅立便
생사지죄 환득팔십억겁미묘공덕 여부아조댁립변

成就
성취

염불의 법은 이사理事[83]를 같이 닦는 것으로서 마치 지상에다 궁전을 짓는 것과 같기 때문에 이루기가 쉽다. 예컨대 가진 재산이

---

83 이사理事: 도리道理와 사상事相을 말하는 것으로 이리는 절대 평등의 본체를 말하고, 사사는 만유차별萬有差別의 현상 세계를 가리킨다.

적어 가난한 사람이 왕가의 집을 지으려고 집 짓는 법을 배웠지만, 적은 목재만을 얻을 수 있어 태어나서 죽을 때까지 끝내 완성할 수가 없는 것과 같다. 훗날 목재만 썩고 헛되이 공정(功程: 작업능률과 과정)만 소비하고 성취하지 못한다. 무생도 또한 이와 같아 공덕의 법재法材가 되어 성취할 수가 없으며, 헛되게 공부에 힘쓰지만 이익이 없다. 염불법문은 이와 같지 않아 입으로 한 번 염불하면 80억겁 생사의 죄를 소멸하고, 나아가 80억겁의 미묘한 공덕을 얻는다. 마치 부잣집 아이가 집을 지으려고 하면 곧바로 성취할 수 있는 것과 같다.

所以觀經云 然彼如來宿願力故 有憶想者必得成就
소 이 관 경 운　연 피 여 래 숙 원 력 고　유 억 상 자 필 득 성 취
不同無生 何以故 又法華經云 大通智勝佛 十劫坐道
부 동 무 생　하 이 고　우 법 화 경 운　대 통 지 승 불　십 겁 좌 도
場 佛法不現前 不得成佛道 不現前者卽是無生 旣是
량　불 법 불 현 전　부 득 성 불 도　불 현 전 자 즉 시 무 생　기 시
十劫不得成佛 故知成佛遲 如念佛 遲則七日 疾則一
십 겁 부 득 성 불　고 지 성 불 지　여 염 불　지 즉 칠 일　질 즉 일
日 速生淨土 卽是八地已上菩薩 何以故 乘佛願力故
일　속 생 정 토　즉 시 팔 지 이 상 보 살　하 이 고　승 불 원 력 고

그런 까닭에 『관무량수경』에서 "저 부처님께서 전세에 세우신 원력(宿願力)이 있기 때문에 깊이 생각하는 사람은 반드시 성취할 수가 있다"고 말한 것이다. 이는 무생과는 같지 않다. 무슨 까닭인

가? 『법화경』에서 "대통지승 부처님은 10겁 동안 도량에 앉아도 불법이 현전하지 않아 불도를 이룰 수 없었다"라고 말했다. 현전하지 않는 것은 곧 무생이며, 이미 10겁 동안 성불하지 못하였기 때문에 성불이 늦다는 것을 알아. 염불의 경우는 늦으면 7일, 빠르면 1일에 속히 정토에 왕생하며, 바로 8지 이상의 보살이 된다. 왜냐하면 부처님의 원력을 입기 때문이다.

問 看心功德 多少於念佛功德
문 간심공덕 다소어염불공덕

문 : 마음을 보는[84] 공덕이 염불의 공덕보다 많은가 적은가?

答 看心功德 少於念佛功德百千萬倍 何以知之 准觀
답 간심공덕 소어염불공덕백천만배 하이지지 준관
經云 念佛一口 滅八十億劫生死之罪 得八十億劫微
경운 염불일구 멸팔십억겁생사지죄 득팔십억겁미
妙功德 一度看心 未知滅幾許罪 得幾許功德 不言滅
묘공덕 일도간심 미지멸기허죄 득기허공덕 불언멸
幾億生死之罪 地獄悉滅 往生淨土 故知少於念佛功
기억생사지죄 지옥실멸 왕생정토 고지소어염불공
德百千萬倍
덕백천만배

답 : 마음을 보는 공덕이 염불의 공덕보다 백천만 배나 적다.

---

84 원문은 간심看心. 관법觀法으로 마음을 비추어보는(觀照) 것.

어찌하여 그런 줄 아는가?

『관무량수경』에 의하여 말하면 "한 번 입으로 염불하면 80억겁 생사의 죄를 소멸하고, 그리고 80억겁 미묘한 공덕을 얻는다"고 하였다. 한 번 마음을 보는 공덕이 과연 얼마만큼의 죄를 멸하고 얼마나 많은 공덕을 얻는지 알 수 없다. 얼마나 많은 생사의 죄를 멸하고 지옥을 다 멸하여 정토에 왕생한다고 말하지 않았다. 그러므로 염불하는 공덕보다 백천만 배나 적은 줄 알라.

問 念佛往生得何果報 無生觀成得何果報 二種何者
문 염불왕생득하과보 무생관성득하과보 이종하자

爲勝
위승

문 : 염불하여 왕생하면 어떤 과보를 얻고, 무생관을 하면 무슨 과보를 얻는가? 이 두 가지 가운데 어느 것이 수승한가?

答 念佛往生得三十二相 具六神通 長生不死 超過三
답 염불왕생득삼십이상 구육신통 장생불사 초과삼

界 直至成佛 更不墮落 菩薩聖衆共爲伴侶 阿彌陀佛
계 직지성불 갱불타락 보살성중공위반려 아미타불

親自說法 無生觀成生長壽天 經八萬大劫還墮惡道
친자설법 무생관성생장수천 경팔만대겁환타악도

無生觀 萬中無一得成就者 爲不時宜 假令得成生長
무생관 만중무일득성취자 위불시의 가령득성생장

壽天 不出三界 剋十而論 不如淨土百千萬倍
수 천　불 출 삼 계　극 십 이 론　불 여 정 토 백 천 만 배

답 : 염불하여 왕생하면 32상을 얻고, 여섯 가지 신통을 갖추며, 오랫동안 살면서 죽지 않고, 삼계를 초월하여 바로 성불에 이르며, 다시는 악도에 떨어지지 않고, 보살들과 함께 동료가 되며, 아미타불이 친히 스스로 법을 설하신다. 반면에 무생관을 이루면 장수천에 태어나게 되는데, 8만 대겁을 지나면 다시 악도에 떨어진다. 무생관은 만 명 가운데 한 명도 성취하는 사람이 없으며, 시기에 적합하지도 않다. 가령 성취하여 장수천에 태어나더라도 삼계를 벗어나지 못한다. 이러한 것으로 보아 정토보다도 백천 만 배나 못하다.

問曰 准無生觀 唯遣看心 其心爲赤 爲白 爲靑 爲黃
문 왈　준 무 생 관　유 견 간 심　기 심 위 적　위 백　위 청　위 황
觀者爲當成 不成
관 자 위 당 성　불 성

문 : 무생관에 의하면 오직 마음을 보게 하는데 그 마음이 붉은가, 흰가, 푸른가, 누른가? 관하는 사람은 마땅히 성취하는가, 성취하지 못하는가?

答曰 無生看心非靑 非白 非赤 非黃 非不言成 不成
답 왈　무 생 간 심 비 청　비 백　비 적　비 황　비 불 언 성　불 성

心不相貌 復無成就 虛費功夫 徒勞何益 難云 看心
심불상모 부무성취 허비공부 도로하익 난운 간심
之時即得成佛者 看衣即得暖 看食應得飽 看金應得
지시즉득성불자 간의즉득난 간식응득포 간금응득
寶用 看心之時亦得道者 看衣不著 不廢寒 看心之時
보용 간심지시역득도자 간의불착 불폐한 간심지시
亦不得果 又准像法決疑經說 坐禪不是末法時 何以
역부득과 우준상법결의경설 좌선불시말법시 하이
故 彼經云 佛滅度後 正法五百年 持戒堅固 像法一
고 피경운 불멸도후 정법오백년 지계견고 상법일
千年 禪定堅固 末法一萬年 念佛得堅固 准法王本記
천년 선정견고 말법일만년 염불득견고 준법왕본기
入末法來二百餘年 是念佛時 不是坐禪時 所以大行
입말법래이백여년 시염불시 불시좌선시 소이대행
和上在日 數箇禪師門徒 從和上教授 廻心念佛者多
화상재일 수개선사문도 종화상교수 회심염불자다

답 : 무생으로 마음을 보면 푸른색도 아니고 흰색도 아니며 붉은색도 아니고 누런색도 아니며, 또한 성취한다고도 성취하지 못한다고도 말할 수 없다. 마음은 모양이 없어 또한 성취할 것이 없는데, 공부만 허비하고 헛수고만 해서 무슨 이익이 있겠는가! 힐난하여 말해보자. 마음을 보면 곧 성불한다는 것은 옷을 보면 곧 따뜻하게 되고, 밥을 보면 마땅히 배가 부르며, 금을 보면 당연히 보배로 사용할 수 있어서 마음을 볼 때도 역시 도를 얻는다는 것이다. 그러나 옷을 보고 입지 않으면 추위를 면하지 못하듯이, 마음을

볼 때도 역시 과과를 얻지 못한다! 또 『상법결의경』에 의하면 "좌선은 말법시대에 하는 것이 아니다." 왜냐하면, 저 경에서 말하기를 "부처님이 멸도하신 후 정법 오백 년은 지계持戒가 견고하고, 상법 천 년은 선정禪定이 견고하며, 말법 만 년은 염불念佛이 견고하게 된다"라고 했기 때문이다. 『법왕본기』에 의하면 "말법에 들어가 200여 년이 지나면 염불하는 때이지 좌선하는 때가 아니다"라고 하였다. 그런 까닭에 대행화상 당시에는 여러 선사와 문도들이 화상의 가르침을 좇아 마음을 돌이켜 염불하는 사람이 많았던 것이다.

4) 염불과 강설을 비교하는 문

第四 念佛對講說門
제 사 염 불 대 강 설 문

問 念阿彌陀佛功德 多少於聞經功德
문 염 아 미 타 불 공 덕 다 소 어 문 경 공 덕

문 : 아미타불을 염하는 공덕이 경을 듣는 공덕보다 많은가 적은가?

答 念佛功德 多於聞經功德百千萬倍 何以得知 觀經
답 염 불 공 덕 다 어 문 경 공 덕 백 천 만 배 하 이 득 지 관 경

10. 여러 가지 의혹을 해석하는 문

下品上生人無惡不作 由造惡故 命欲終時 地獄衆火
하 품 상 생 인 무 악 부 작　유 조 악 고　명 욕 종 시　지 옥 중 화

一時俱至 遇善知識 爲說十二部經 彼人聞已 滅除千
일 시 구 지　우 선 지 식　위 설 십 이 부 경　피 인 문 이　멸 제 천

劫等罪 聞經力小 地獄猶未滅 得智者教 念阿彌陀佛
겁 등 죄　문 경 력 소　지 옥 유 미 멸　득 지 자 교　염 아 미 타 불

十口 滅除八十億劫生死之罪
십 구　멸 제 팔 십 억 겁 생 사 지 죄

답 : 염불하는 공덕이 경을 듣는 공덕보다 백천만 배나 많다. 무엇으로 알 수가 있는가?

『관무량수경』 하품상생의 사람은 짓지 않는 악이 없으며, 많은 악을 지었기 때문에 목숨이 마칠 때에는 지옥의 여러 불길이 일시에 모두 다가온다. 그러나 선지식을 만나 (선지식이 그를 위해) 십이부경[85]을 설해 주면 그 사람은 듣고 나서 천겁 동안의 죄를 멸한다고 하였다. 경을 듣는 힘은 적어서 지옥이 여전히 멸하지 않지만, 지혜로운 이의 가르침을 얻어 입으로 아미타불을

---

85 십이부경十二部經: 범어로는 dvādaśāṅga buddha Vacana이며, 십이분교十二 分教라고도 한다. 경전의 형태를 내용에 따라 분류하는 방식. 곧 수다라修多羅 (경經), 기야祇夜(중송重頌), 화가라나和伽羅那(수기授記), 가타伽陀(고기송孤起 頌), 우다나優陀那(무문자설無問自說), 니다나尼陀那(인연因緣), 아바다나阿波陀 那(비유譬喩), 이제왈다가伊帝曰多伽(여시어如是語·본사本事), 사타가闍陀迦 (본생本生), 비불략毘佛略(방등方等·방광方廣), 아부다달마阿浮陀達磨(미증유未 曾有), 우바제사優波提舍(논의論議) 등을 말한다.

열 번 염하면 80억겁 생사의 죄가 소멸된다.

問 讀經功德 多少於念佛功德
문 독경공덕 다소어염불공덕

문 : 경을 읽는 공덕이 염불하는 공덕보다 많은가 적은가?

答 讀經功德 亦少於念佛功德 大行和上說 不念佛修
답 독경공덕 역소어염불공덕 대행화상설 불염불수
行讀經 猶如讀藥方 念佛猶如服藥 讀藥方 病即難除
행독경 유여독약방 염불유여복약 독약방 병즉난제
服藥 病則易差 讀經修道功德 亦少於念佛功德 正是
복약 병즉이차 독경수도공덕 역소어염불공덕 정시
修道 以此事故功德最多
수도 이차사고공덕최다

답 : 경을 읽는 공덕 또한 염불하는 공덕보다 적다. 대행화상이 말하기를 "염불을 하지 않고 경을 읽는 사람은 마치 약방문을 읽는 것과 같고, 염불하는 것은 마치 약을 복용하는 것과 같다"라고 하였다. 약방문을 읽어서는 병을 제거하기 어렵고, 약을 복용해야만 병이 쉽게 쾌차한다. 그러므로 경을 읽어 수도修道하는 공덕 역시 염불하는 공덕보다 적다. 올바른 수도는 염불이며, 이러한 사실 때문에 염불하는 공덕이 가장 많다.

10. 여러 가지 의혹을 해석하는 문

問 講經功德 多少於念佛功德
문 강경공덕 다소어염불공덕

문 : 경을 강의하는 공덕이 염불하는 공덕보다 많은가 적은가?

答 講經功德 亦少於念佛功德百千萬倍 何以故 講經
답 강경공덕 역소어염불공덕백천만배 하이고 강경
猶如數寶 念佛猶如用寶 數寶雖多 不除貧苦 不言滅
유여수보 염불유여용보 수보수다 부제빈고 불언멸
罪 不言得功德 用寶雖不多 能濟身命 得功德無量
죄 불언득공덕 용보수부다 능제신명 득공덕무량
明知少於念佛功德百千萬倍
명지소어염불공덕백천만배

답 : 경을 강의하는 공덕이 염불하는 공덕보다 백천만 배나 적다. 왜냐하면 경을 강의하는 것은 마치 보물의 숫자를 헤아리는 것과 같고, 염불은 마치 보물을 사용하는 것과 같기 때문이다. 보물을 헤아리면 수가 비록 많으나 가난함을 면하지 못하기에 죄를 멸한다고 말할 수 없으며, 공덕을 얻는다고 말할 수 없다. 보물을 사용하는 것은 비록 많지 않으나 능히 신명身命을 구제하고 공덕을 얻는 것이 한량이 없기에, 분명히 염불의 공덕보다 백천만 배나 적은 줄 알라.

又講經如磨石 雖獲少分利益 盡與他人 自損無量 爲
우강경여마석 수획소분이익 진여타인 자손무량 위

受禮拜供養 大損果報 所以論云 譬如貧窮人 晝夜數
수예배공양 대손과보 소이논운 비여빈궁인 주야수

他寶 自無半錢分 多聞亦如是 故知講經功德 亦少於
타보 자무반전분 다문역여시 고지강경공덕 역소어

念佛功德百千萬倍 何以得知 如唯識論多破計我 講
염불공덕백천만배 하이득지 여유식론다파계아 강

論之者口雖說法 心多計我 不起我者萬中無一 所以
론지자구수설법 심다계아 불기아자만중무일 소이

法華經云 我慢自矜高 諂曲心不實 於千萬億劫 不聞
법화경운 아만자긍고 첨곡심불실 어천만억겁 불문

佛名字 亦不聞正法 如是人難度 由是事故 講論不如
불명자 역불문정법 여시인난도 유시사고 강론불여

念佛百千萬倍 所以上世有惠感法師 智仁法師 蘊法
염불백천만배 소이상세유혜감법사 지인법사 온법

師 皆捨講論 同歸念佛
사 개사강론 동귀염불

또 경을 강의하는 것은 돌을 닦는 것과 같아 비록 조그마한 공덕을 얻어 다른 사람에게 주지만 스스로 감소하는 것이 한량없고, 예배와 공양을 받는 것도 크게 공덕을 감소시키는 것이다. 그러기에 논에서 말하기를 "비유하자면 가난한 사람이 밤과 낮을 가리지 않고 남의 보물을 헤아리지만 자기에게는 조그마한 돈도 없는 것과 같다"라고 하였다. 많이 듣는 것 또한 이와 같기 때문에 경을 강의하는 공덕이 염불하는 공덕보다 백천만 배나 적은 줄 알라. 무엇으로 알 수 있는가?

『유식론』에서 "다분히 '나'라고 헤아리는 것을 없애야 하는데 경을 논하는 사람은 입으로는 법을 설하지만 마음으로는 '나'라는 것을 헤아려 '나'라는 것을 일으키지 않는 사람은 만 명 가운데 한 사람도 없다"라고 한 것과 같다. 그러기에 『법화경』에서 말하길 "아만과 자긍심,[86] 크게 아첨하는 것 등 그릇된 마음은 진실하지 못해 백천억 겁 동안 부처님의 명호를 듣지 못하고, 또한 정법을 듣지 못하기에 이와 같은 사람은 제도하기 어렵다"라고 하였다. 이와 같이 경을 강의하는 것은 염불하는 것보다 백천만 배나 공덕이 적다. 그러기에 옛날에 회감懷感법사나 지인智仁법사, 그리고 온蘊법사가 모두 강론을 버리고 다 같이 염불에 귀의한 것이다.

5) 염불과 계율을 비교하는 문

第五 念佛對戒律門
제오 염불대계율문

問 念佛功德 多少於持二百五十戒 五百戒等功德
문 염불공덕 다소어지이백오십계 오백계등공덕

문 : 염불하는 공덕은 250계나 500계를 가지는 지계持戒[87] 공덕보다

---

[86] 자기에 대해 긍지를 갖고 있는 마음으로 자기를 버리지 않는 것을 말한다.

많은가 적은가?

答 念佛功德 多於持戒功德百千萬倍 何以得知 准經
답 염불공덕 다어지계공덕백천만배 하이득지 준경

說 持戒證小果 始到初地 准彌陀經 若一日 七日念
설 지계증소과 시도초지 준미타경 약일일 칠일염

阿彌陀佛往生淨土 卽是八地已上菩薩 所以經云 衆
아미타불왕생정토 즉시팔지이상보살 소이경운 중

生生者 皆是阿鞞跋致 故知功德多於持戒功德百千
생생자 개시아비발치 고지공덕다어지계공덕백천

萬倍
만배

답 : 염불하는 공덕이 지계 공덕보다 백천만 배나 많다. 무엇으로 알 수가 있는가?

경에 의하면 "지계는 적은 과보를 증득하여 비로소 초지에 이른다"라고 하였고, 『아미타경』에 의하면 "만약 하루나 7일 동안 아미타불을 염하면 정토에 왕생한다"라고 하였으니, 곧 8지 이상의 보살에 이른다는 뜻이다. 그런 까닭에 경에서 말하길 "중생이 태어나면 모두 아비발치"라고 하였다. 그러므로 염불의 공덕이 계를 가지고 지키는 공덕보다 백천만 배나 많은 줄 알라.

---

87 지계持戒: 계율을 받아 지키는 것.

又准經中說 如今不是持戒時 是念佛時 何以得知 准
우 준 경 중 설 여 금 불 시 지 계 시 시 염 불 시 하 이 득 지 준

像法決疑經說 本師滅度 正法五百年 持戒得堅固 像
상 법 결 의 경 설 본 사 멸 도 정 법 오 백 년 지 계 득 견 고 상

法一千年 坐禪得堅固 末法一萬年 念佛得堅固 自從
법 일 천 년 좌 선 득 견 고 말 법 일 만 년 염 불 득 견 고 자 종

佛入涅槃已來 准釋迦碑文 已有一千七百餘年 入末
불 입 열 반 이 래 준 석 가 비 문 이 유 일 천 칠 백 여 년 입 말

法來二百餘年 故知是念佛時 不是持戒時 縱有持戒
법 래 이 백 여 년 고 지 시 염 불 시 불 시 지 계 시 종 유 지 계

者 准戒經文 即得名譽及利養 死得生天上 無證得阿
자 준 계 경 문 즉 득 명 예 급 이 양 사 득 생 천 상 무 증 득 아

羅漢果 縱得生天 不出三界 就持戒人中 萬箇無一具
라 한 과 종 득 생 천 불 출 삼 계 취 지 계 인 중 만 개 무 일 구

戒者 何以故 爲戒細人麁 數多難持 若望念佛 數少
계 자 하 이 고 위 계 세 인 추 수 다 난 지 약 망 염 불 수 소

易行 得多功德
이 행 득 다 공 덕

또 경전 가운데서 말하길 "지금은 지계하는 시기가 아니고 염불하는 시기이다"라고 하였다. 무엇으로 알 수 있는가? 『상법결의경』에 의하면 "석존께서 멸도하신 후 정법 오백 년은 지계가 견고함을 얻고, 상법 천 년은 좌선이 견고함을 얻으며, 말법 만 년은 염불이 견고함을 얻는다"라고 하였다.

석가 비문碑文에 의하면, 석가모니부처님이 열반에 드신 후 지금은 이미 천칠백여 년이 지나 말법에 들어간 지 2백여 년이

지났다. 따라서 염불의 시기이지 지계의 시기가 아닌 줄 알라. 비록 계를 지키는 사람이 있더라도 계를 설한 경문에 의하면 "명예와 이익을 얻고 죽어서는 천상에 태어나지만 아라한과를 증득하지 못하고, 설사 천상에 태어나더라도 삼계를 벗어나지 못한다"고 하였다. 지계하는 사람을 보면 만 명 가운데 한 명도 완전히 계를 갖추고 지키는 사람이 없다. 왜냐하면 계는 세밀하고 사람은 거칠며 계 조항의 수가 많아서 다 지키기가 어렵기 때문이다. 하지만 만약 염불의 견지에서 보면 수행하는 방법의 수가 적고 수행하기 쉬우며 공덕은 많다.

問 念佛得益 多少於持戒得益
문 염불득익 다소어지계득익

문 : 염불하여 얻는 이익이 계를 가지고 지키어 얻는 이익보다 많은가 적은가?

答 念佛能益無損 持戒損多益少 何以得知 准目連問
답 염불능익무손 지계손다익소 하이득지 준목련문

經 破初篇戒 取長壽諸天 計人間九百一十五俱胝六
경 파초편계 취장수제천 계인간구백일십오구니육

百萬歲 墮地獄 准戒文中 有五篇 七聚 依挍量 第一
백만세 타지옥 준계문중 유오편 칠취 의교량 제일

篇重挍量第二篇一倍 第二篇重挍量第三篇一倍 第
편중교량제이편일배 제이편중교량제삼편일배 제

三篇重挍量第四篇一倍 第四篇重挍量第五篇一倍 第
삼 편 중 교 량 제 사 편 일 배   제 사 편 중 교 량 제 오 편 일 배   제

五篇最輕 犯突吉羅 九百萬歲墮地獄中 一夜不懺者
오 편 최 경   범 돌 길 라   구 백 만 세 타 지 옥 중   일 야 불 참 자

捨本利
사 본 리

답 : 염불하는 이익은 감소함이 없지만, 계를 가지고 지키는 것은 감소하는 것이 많고 이익이 적다. 무엇으로 알 수 있는가?

『목련문경』에 의하면 "초편계初篇戒[88]를 파한 사람은 장수천의 시간으로 인간 세계를 계산했을 때 915구지俱胝[89] 6백만 세 동안 지옥에 떨어져 있게 된다"라고 하였다. 계문 가운데는 5편篇[90]

---

88 초편계初篇戒: 이것은 아마 비구나 비구니가 받는 구족계를 다섯 가지로 나눈 5편篇 가운데 첫 번째 편인 바라이(波羅夷: 비구나 비구니가 승단을 떠나야 하는 무거운 죄. 사음, 투도, 살생, 망어)를 말한 것이 아닌가 생각된다. 한편, 오계의 첫 번째인 불살생을 말하는 경우도 있다.

89 구지俱胝: 범어로는 koṭi로 억億이라 번역한다. 인도에서 사용하는 수의 단위로 1천만에 해당한다고 한다.

90 5편篇 7취聚: 5편과 7취는 비구와 비구니의 계를 5과科와 7종류(種聚)로 분류한 것을 말한다. 5편의 첫 번째는 바라이波羅夷죄이다. 이것은 가장 무거운 죄로 이 계를 범하는 사람은 머리가 잘리는 것과 같아 비구나 비구니의 자격을 상실하여 다시는 회생할 수 없다. 두 번째는 승잔僧殘죄로 이 계를 범하면 승려의 자격이 조금 남아 있어 대중에게 참회하면 된다. 세 번째는 바일제波逸提죄로 이 계를 범하면 지옥에 떨어진다고 하여 사타죄捨墮罪라고도 한다. 네 번째는 바라제제사니波羅提提舍尼죄로 이 계를 범하면

7취취가 있는데, 이것에 대해 생각해 보자.

제1편의 무거움을 제2편과 비교해 보면 1배이고, 제2편의 무거움을 제3편과 비교해 보면 1배이며, 제3편의 무거움을 제4편과 비교해 보면 1배이고, 제4편의 무거움을 제5편과 비교해 보면 1배이며, 제5편은 가장 가볍다. 돌길라죄를 범하면 900만 세 동안 지옥에 떨어지며, 하룻밤 동안 참회하지 않는 사람은 본래의 이익을 버려야 한다.

准破戒罪 無量 無邊 持戒萬中無一 故知損多益少
준 파 계 죄 무 량 무 변 지 계 만 중 무 일 고 지 손 다 익 소

念佛一口 除八十億劫生死之罪 所以有破戒罪 念阿
염 불 일 구 제 팔 십 억 겁 생 사 지 죄 소 이 유 파 계 죄 염 아

彌陀佛 總得除滅 何以得知 准觀經文 下品中生人
미 타 불 총 득 제 멸 하 이 득 지 준 관 경 문 하 품 중 생 인

或有衆生 毁犯五戒 八戒及具足戒 如此愚人 應墮地
혹 유 중 생 훼 범 오 계 팔 계 급 구 족 계 여 차 우 인 응 타 지

獄 經歷多劫 受苦無窮 臨命終時 遇善知識爲說阿彌
옥 경 력 다 겁 수 고 무 궁 임 명 종 시 우 선 지 식 위 설 아 미

陀佛十力威德 爲讚彼佛光明 神力 教令念佛 彼人聞
타 불 십 력 위 덕 위 찬 피 불 광 명 신 력 교 령 염 불 피 인 문

다른 비구에게 참회하면 된다. 다섯 번째는 돌길라突吉羅죄로 그 지은 바가 악하나 가장 가벼운 죄이다. 7취취에는 파라니波羅夷, 승잔僧殘, 투란차偸蘭遮, 바일제波逸提, 제사니提舍尼, 돌길라突吉羅, 악설惡說 등이 있다.

已 滅除八十億劫生死之罪 往生淨土 故知破戒罪 亦
이 멸 제 팔 십 억 겁 생 사 지 죄   왕 생 정 토   고 지 파 계 죄   역

得消滅
득 소 멸

계를 파한 죄는 무량무변하며, 계를 다 지키는 사람은 만 명 가운데 한 사람도 없기 때문에 손해가 많고 이익이 적은 줄 알라. 입으로 한 번 염불하면 80억겁 생사의 죄를 제거하기 때문에, 계를 파하는 죄가 있다면 아미타불을 염하면 모두 제거할 수 있다. 무엇으로 알 수가 있는가?

『관무량수경』에 의하면 "하품하생의 사람 가운데 어떤 중생이 5계와 8계 및 구족계 등을 범하였다. 이와 같이 어리석은 사람은 마땅히 지옥에 떨어져 많은 세월 동안 끝없는 고통을 받아야 할 것이지만, 임종 시에 선지식이 그를 위하여 아미타불의 열 가지 위력[91]을 설하고, 저 부처님 광명의 위신력을 찬탄하면서

---

91 열 가지 위력(十力): 여래만이 갖춘 열 가지 지력智力을 말하는데 부처님의 18불공법不共法 가운데 열 가지다. 첫째는 여실히 모든 진리와 진리가 아닌 것을 아는 힘인 처비처지력處非處智力, 둘째는 여실히 삼세三世의 업과 그 과보의 인과를 아는 힘인 업이숙지력業異熟智力, 셋째는 여실히 모든 선정이나 삼매의 순서나 깊고 낮음을 아는 힘인 정려해탈등지등지지력靜慮解脫等持等至智力, 넷째는 여실히 중생의 능력이나 성질이 수승하고 열등한 것 등을 아는 힘인 근상하지력根上下智力, 다섯째는 여실히 중생이 요달한 것을 단정할 수 있는 힘인 종종승해지력種種勝解智力, 여섯째는 여실히 중생의 소성素性과 소질素質이나 그 행위 등을 아는 힘인 종종계지력種種界智力,

가르쳐 염불하게 하는 것을 만나, 그 사람이 듣고 나면 80억겁 생사의 죄가 멸해지고 정토에 왕생한다"라고 하였다. 그렇기 때문에 계를 파하는 죄 또한 소멸되는 줄 알라.

又准群疑論中說 破戒者護復 失道者導 盲冥者眼 故
우 준 군 의 론 중 설 파 계 자 호 부 실 도 자 도 맹 명 자 안 고
知念佛純益無損 承前北都有律師 捨戒律業廻心念
지 염 불 순 익 무 손 승 전 북 도 유 률 사 사 계 률 업 회 심 염
佛 往生西方極樂世界 准觀經中說言 中三品人 律師
불 왕 생 서 방 극 락 세 계 준 관 경 중 설 언 중 삼 품 인 률 사
念佛往生淨土 故知念佛門 持戒 苦行不及也
염 불 왕 생 정 토 고 지 염 불 문 지 계 고 행 불 급 야

또한 『군의론』설에 의하면 (염불은) "계를 파한 사람을 보호하고, 도를 잃은 사람을 인도하며, 눈 먼 사람의 눈이 된다"라고 하였기 때문에 염불의 순수한 이익은 감소함이 없다. 앞선 시대에 율을 계승한 어떤 율사는 계율을 지키는 업을 버리고 마음을 돌이켜

일곱째는 여실히 인천人天 등 모든 세계에 태어나는 행의 인과를 아는 힘인 변취행지력遍趣行智力, 여덟째는 여실히 과거세의 여러 가지 일을 기억해 내어 다 아는 힘인 숙주수념지력宿住隨念智力, 아홉째 여실히 천안으로 중생의 생사 시기나 미래생의 선악 등의 세계를 아는 힘인 사생지력死生智力, 열째는 스스로 모든 번뇌가 다하여 다음의 생존(生存: 後有)을 받지 않을 것을 알고, 또 다른 사람이 번뇌를 끊는다는 것을 틀림없이 아는 힘인 누진지력漏盡智力이다.

염불하여 서방 극락세계에 왕생하였다. 『관무량수경』의 설에 의하여 말하면, 중3품의 사람들은 계율을 지키면서[92] 염불하여 정토에 왕생하였기 때문에 염불하는 문은 계를 가지고 지키는 고행이 미치지 못한 줄 알라.

6) 염불과 육바라밀을 비교하는 문

第六 念佛對六度門
제육 염불대육도문

問 念佛功德 多少於六波羅蜜
문 염불공덕 다소어육바라밀

문 : 부처님을 염하는 공덕이 여섯 가지 바라밀[93]을 행하는 공덕보다 많은가 적은가?

---

[92] 중품상생 사람은 5계와 8관재계를 지키며 오역죄를 범하지 않고, 아무런 허물이 없는 선근 공덕을 짓는 것이고, 중품중생은 하루 밤낮 동안 8관재계와 사미계, 구족계를 지키는 공덕을 짓는 것이며, 중품하생은 부모님께 효도하고 세상의 어진 것과 자비를 행하는 것 등 이러한 공덕을 회향하여 정토에 태어나기를 원하는 것을 여기서는 율사律師라고 말한 것 같다.
[93] 여섯 가지 바라밀(六波羅蜜): 보살이 실천하는 도로서 보시·지계·인욕·정진·선정·지혜 등 여섯 가지 실천 항목을 말한다.

答 念佛功德 多六波羅蜜百千萬倍 何以得知 准維摩
經說 念定總持人 自求生淨土 總得往生 一切不問

답 : 염불하는 공덕이 여섯 가지 바라밀을 실천하여 얻는 공덕보다 백천만 배나 많다. 무엇으로 알 수가 있는가?

『유마경』에 "염정念定[94]과 총지總持[95]하는 사람이 스스로 정토에 태어나기를 구하면 모두 일체를 묻지 않고 왕생할 수 있다"고 하였기 때문이다.

問曰 有人復疑 念佛猶如口打鼓 如何解釋

문 : 어떤 사람이 다시 의심하기를, 염불하는 것은 마치 입으로 북을 두드리는 것과 같다고 하는데, 이를 어떻게 해석해야 하는가?

答曰 亦如口打鼓 何以 因口誦心記 乃打由成 若無
心口 無由得成 念佛亦爾 心信口稱 乃生淨土 速證

---

[94] 염정念定: 참된 지혜로 선정을 생각하되 삿된 마음이 없는 것.
[95] 총지總持: 일명 다라니多羅尼를 말하지만, 여기서는 총명하고 지혜가 있는 것을 말한 것 같다.

無上菩提 若無心口 無由往生 所以如口打鼓
무 상 보 리 약 무 심 구 무 유 왕 생 소 이 여 구 타 고

답 : 역시 입으로 북을 치는 것과 같다. 왜냐하면, 입으로 외우고 마음으로 억념하는 것은 곧 치는 것으로 말미암아 이루어지기 때문이다. 만약 마음과 입이 없다면 이루어질 까닭이 없다. 염불 또한 이와 같다. 마음으로 믿고 입으로 부르면 곧 정토에 태어나 속히 무상보리를 증득하지만, 만약 마음과 입이 없다면 왕생할 까닭이 없다. 그러기에 입으로 북을 치는 것과 같다.

問 何故不念本師釋迦 但念阿彌陀佛
문 하 고 불 염 본 사 석 가 단 념 아 미 타 불

문 : 왜 본사이신 석가모니불을 염하지 않고, 다만 아미타불만 염하는가?

答曰 念彌陀者 本師教念 然始解修 猶如父 母生得
답 왈 염 미 타 자 본 사 교 념 연 시 해 수 유 여 부 모 생 득
子已 遂付師教 學問乃成 皆由師立 彌陀亦爾 本師
자 이 수 부 사 교 학 문 내 성 개 유 사 립 미 타 역 이 본 사
說經 慇懃勸念阿彌陀佛 令生淨土 早證菩提 將念佛
설 경 은 근 권 념 아 미 타 불 영 생 정 토 조 증 보 리 장 염 불
名 稱爲難事 本師自說 我行此念阿彌陀佛難事 得無
명 칭 위 난 사 본 사 자 설 아 행 차 념 아 미 타 불 난 사 득 무

上菩提 本師釋迦自亦念佛 勸汝等一切衆生 若能稱
상보리 본사석가자역염불 권여등일체중생 약능칭

念阿彌陀佛 定生淨土 早證菩提 是爲甚難希有之事
념아미타불 정생정토 조증보리 시위심난희유지사

本師遣念阿彌陀佛 又復念佛 猶如父 母多諸子息 當
본사견념아미타불 우부염불 유여부 모다제자식 당

居儉處 將去遂豐 然始養得 不被餓死 本師亦爾 爲
거검처 장거수풍 연시양득 불피아사 본사역이 위

娑婆濁惡不堪久住 恐畏沈淪墮於地獄 將諸衆生同
사바탁악불감구주 공외침륜타어지옥 장제중생동

歸淨土 受諸快樂 不被沈淪 是故偏令思念阿彌陀佛
귀정토 수제쾌락 불피침륜 시고편령사념아미타불

不念本師 非但釋迦因念佛得成佛 十方三世諸佛皆
불념본사 비단석가인염불득성불 시방삼세제불개

因念佛三昧當得成佛 故月燈三昧經云 十方三世一
인염불삼매당득성불 고월등삼매경운 시방삼세일

切過去 未來及現在佛 皆學念佛 速證無上菩提 故知
체과거 미래급현재불 개학염불 속증무상보리 고지

三世諸佛皆因念佛當得成佛
삼세제불개인염불당득성불

답 : 아미타불을 염하라고 하는 것은 본사이신 석가모니부처님이 가르치신 염법念法에서 비롯된 것이기에, 이를 이해하고 닦아야 한다. 마치 부모가 자식을 낳고 나서 스승에게 가르침을 부탁하듯 이 학문이 성립되는 것은 스승으로 말미암아 세워지는 것이다. 아미타불 또한 그러하다. 본사 석가모니부처님께서는 경에서 아

미타불을 염하기를 은근히 권하시고, 정토에 태어나 속히 무상보리를 증득하게 하신 것이다. 부처님 명호를 염하고자 하는 것은 어려운 일이라 부르는데, 본사 석가모니부처님께서 스스로 말씀하시길 "내가 이 아미타불을 염하는 어려운 일을 행하여 속히 무상보리를 얻었다"고 하셨다. 본사 석가모니께서도 또한 스스로 염불하신 것이다. 그리고 "너희들 일체 중생이 만약 아미타불을 염하고 부를 수 있다면 반드시 왕생하여 속히 보리를 증득하리라"고 하셨으니, 이것이 심히 어렵고 희유한 일이다. 본사 석가모니께서는 아미타불을 염하고 또 염하라고 하셨다. 이는 마치 많은 자식을 둔 부모가 마땅히 검소하게 생활하여 장차 가난을 물리치고 풍족하게 된 연후에 비로소 양육할 수 있어 굶어 죽지 않게 하는 것과 같다. 본사 석가모니께서도 역시 그러하시니, 중생들이 사바세계의 혼탁하고 악한 곳에서 오래 머무는 걸 감당하지 못하고 지옥에 떨어져 빠질까 걱정하시어, 장차 모든 중생들이 다 같이 정토에 왕생하여 모든 쾌락을 받아 생사윤회의 바다에 빠지지 않게 하셨으니, 그런 까닭에 치우쳐 아미타부처님만을 염하게 하시고, 세존을 염하지 않게 하신 것이다. 단지 석가모니부처님만이 염불로 인해 성불한 것이 아니고, 시방삼세의 모든 부처님들이 염불삼매로 인해 성불하시었다.

그러기에 『월등삼매경』에서는 "시방삼세 일체 과거나 미래, 현재의 모든 부처님들이 염불을 배워 속히 무상보리를 증득하시었다"라고 말하였으니, 따라서 과거나 현재, 그리고 미래의 모든 부처님들은 모두 염불로 인해 마땅히 성불한 줄 알라.

問曰 何故不念十方諸佛 偏念阿彌陀佛
문왈 하고불념시방제불 편념아미타불

문 : 무엇 때문에 시방의 모든 부처님을 염하지 않고, 치우쳐 아미타불만을 염하는가?

答曰 現在十方佛中 彌陀最勝 最尊 最慈 又十方佛
답왈 현재시방불중 미타최승 최존 최자 우시방불
中 彌陀佛與衆生結緣最深 於現在十方佛中 彌陀佛
중 미타불여중생결연최심 어현재시방불중 미타불
願力攝衆生最多 又十方佛淨土中 彌陀佛淨土最好
원력섭중생최다 우시방불정토중 미타불정토최호
韋提希等選得 又十方淨土中 彌陀淨土最近 十方諸
위제희등선득 우시방정토중 미타정토최근 시방제
佛名號中 念阿彌陀佛名號功德最多 所以專念彌陀
불명호중 염아미타불명호공덕최다 소이전념미타
佛 不念餘佛
불 불념여불

답 : 현재 시방의 부처님 가운데 아미타불이 가장 수승하고, 가장 존귀하며, 가장 자비하시다. 또 시방의 부처님 가운데 아미타불이 중생과 더불어 가장 깊은 인연을 맺으셨으며, 현재 시방의 부처님

가운데 아미타불 원력이 가장 많은 중생을 섭수하셨다. 또 시방의 부처님 정토 가운데 아미타불의 정토가 가장 좋기에 위제희 등이 선택하여 얻은 것이다. 또한 시방의 정토 가운데 아미타불의 정토가 가장 가깝고, 시방의 모든 부처님 명호 가운데 아미타불의 명호를 염하는 공덕이 가장 많기 때문에 오로지 아미타불을 염하라고 하고, 다른 부처님을 염하지 말라고 한 것이다.

問曰 何故念佛是一法 乃能廣攝諸門
문왈 하고염불시일법 내능광섭제문

문 : 어떻게 염불하는 이 한 법이 모든 수행의 문을 널리 포섭할 수 있는가?

答曰 念佛雖是一法 定能廣攝諸門 何以得知 擧喩釋
답왈 염불수시일법 정능광섭제문 하이득지 거유석
者 念佛猶如如意寶珠 雖是一箇寶珠 能攝一切寶物
자 염불유여여의보주 수시일개보주 능섭일체보물
故法華經中說 龍女爲獻寶珠 速得成佛 雖是一法 增
고법화경중설 용녀위헌보주 속득성불 수시일법 증
長一切功德 感得生淨土 速證無上菩提 一法包含一
장일체공덕 감득생정토 속증무상보리 일법포함일
切法 所以維摩經云 念定即總持 包含一切法 故一法
체법 소이유마경운 염정즉총지 포함일체법 고일법
中乃含諸法
중내함제법

답 : 염불이 비록 한 법이지만 반드시 모든 수행의 문을 널리 포섭할 수 있다. 무엇으로 알 수 있는가?

비유를 들어 해석하면, 염불은 마치 여의보주와 같아 비록 한 개의 보배 구슬이지만 일체의 보물을 포섭할 수 있는 것과 같다. 그러기에 『법화경』 가운데 말씀하기를 "용녀龍女가 보배 구슬을 헌납하고 속히 성불하였다"고 한 것이다. (염불이) 비록 한 법이지만 일체 공덕을 증장시키고 정토에 태어나는 것을 감득感得하게 하며, 속히 무상보리를 증득하게 한다. 한 가지 법이 모든 법을 포함하기 때문에 『유마경』에서 "염정念定이 곧 총지이니, 모든 법을 포함한다"고 하였다. 그러므로 한 법 가운데 곧 모든 법을 포함하는 것이다.

11. 염불하여 삼계를 벗어나는 문

第十一 念佛出三界門
제십일 염불출삼계문

問曰 淨土爲出三界 爲在三界中
문왈 정토위출삼계 위재삼계중

문 : 정토는 삼계를 벗어나 있는가, 삼계 가운데 있는가?

答曰 淨土定出三界 不在三界之中 旣言三界 何等爲
답왈 정토정출삼계 부재삼계지중 기언삼계 하등위

三 一者 欲界 從此閻浮上至六天 總名欲界 二者 色
삼 일자 욕계 종차염부상지육천 총명욕계 이자 색

界 六天已上 梵衆天等一十八天 名爲色界 三者 無
계 육천이상 범중천등일십팔천 명위색계 삼자 무

色界 又有四天 空處乃至非想 非非想處天等 總名無
색계 우유사천 공처내지비상 비비상처천등 총명무

色界 又復三界向上非非想處二十八天 向下即是無
색계　우부삼계향상비비상처이십팔천　　향하즉시무

間地獄 人在中間住 猶如牢獄之中相似 所以法華經
간지옥　인재중간주　유여뇌옥지중상사　소이법화경

云 三界無安 猶如火宅 常有生老病死憂患
운　삼계무안　유여화댁　상유생로병사우환

답 : 정토는 반드시 삼계를 벗어나 있지 삼계 가운데 있는 것이 아니다. 이미 삼계라고 하였는데, 어떤 것이 세 가지인가?

첫째는 욕계欲界인데, 염부제로부터 위로 6천天[96]에 이르기까지 모두 욕계라 하며, 둘째는 색계色界인데, 6천 이상 범중천 등 18천[97]을 색계라 하고, 셋째 무색계無色界에는 또한 네 가지 하늘[98]

96　6천六天: 6욕천六欲天이라고도 하는데 욕계에 딸린 여섯 가지 하늘을 말한다. 첫째는 사천왕천四天王天으로 동쪽의 지국천·남쪽의 증장천·서쪽의 광목천·북쪽의 다문천 등 네 가지 하늘과 그에 딸린 천중天衆들을 말한다. 둘째는 도리천忉利天으로 수미산 꼭대기에 있는 제석천을 중심으로 4방에 여덟 가지 하늘이 있기 때문에 33천이라고도 한다. 셋째는 야마천夜摩天으로 때에 따라 쾌락을 얻기 때문에 붙여진 이름이다. 넷째는 도솔천兜率天으로 자기가 받는 다섯 가지 욕락欲樂에 만족한 마음을 내는 까닭에 지족천知足天이라고도 한다. 다섯째는 화락천化樂天으로 다섯 가지 욕심의 경계를 스스로 변화시켜 즐길 줄 아는 세계이다. 여섯째는 타화자재천他化自在天으로 다른 이로 하여금 자재하게 오욕의 경계를 변화케 하는 세계를 말한다.

97　18천十八天: 초선천初禪天의 범중천梵衆天·범보천梵輔天·대범천大梵天, 2선천禪天의 소광천少光天·무량광천無量光天·광음천光音天, 3선천禪天의 소정천少淨天·무량정천無量淨天·변정천遍淨天, 4선천禪天의 무운천無雲天·복

이 있는데, 공무변처 내지 비상비비상처천 등을 모두 무색계라 한다. 또 다시 삼계는 위로 올라가면 비비상처非非想處 등 28천[99]이 있고, 아래로 내려가면 무간 지옥이 있다. 사람들은 중간에 머무르는데 마치 감옥에 있는 것과 같기 때문에 『법화경』에서는 "삼계는 편안하지 못한 것이 마치 불난 집과 같아 항상 태어나고 늙으며, 병들고 죽으며, 근심과 병환이 있다"라고 말하였다.

如是等火熾然不息 是故韋提希厭娑婆世界 五濁惡處
여 시 등 화 치 연 불 식 시 고 위 제 희 염 사 바 세 계 오 탁 악 처
何等爲五 一者 劫濁 謂疫病 飢饉 刀兵等劫 二者 煩
하 등 위 오 일 자 겁 탁 위 역 병 기 근 도 병 등 겁 이 자 번
惱濁 一切衆生多諸煩惱 三者 命濁 壽命短促 四者
뇌 탁 일 체 중 생 다 제 번 뇌 삼 자 명 탁 수 명 단 촉 사 자
見濁 誹謗不信 五者 衆生濁 無其人行 又有地獄 餓
견 탁 비 방 불 신 오 자 중 생 탁 무 기 인 행 우 유 지 옥 아
鬼 畜生盈滿 不善聚集 是故遣厭 欣樂西方極樂世界
귀 축 생 영 만 불 선 취 집 시 고 견 염 흔 락 서 방 극 락 세 계

이와 같은 치열한 불꽃은 쉬지 않기 때문에 위제희 등이 사바세계의

생천福生天·광과천廣果天·무상천無想天·무번천無煩天·무열천無熱天·선견천善見天·선현천善現天·색구경천色究竟天 등을 말한다.
98 네 가지 하늘(四天): 공무변처空無邊處·식무변처識無邊處·무소유처無所有處·비상비비상처非想非非想處 등을 말한다.
99 욕계 6천과 색계 19천, 그리고 무색계 4천 등을 합한 것이다.

다섯 가지 악한 세상을 싫어한 것이다. 무엇이 다섯 가지인가?

 첫째는 겁탁劫濁으로 질병과 굶주림, 그리고 전쟁 등의 세계이며, 둘째는 번뇌탁煩惱濁으로 일체 중생에게 모든 번뇌가 있는 세계이고, 셋째는 명탁命濁으로 수명이 짧아지는 세계이며, 넷째는 견탁見濁으로 비방하며 믿지 않는 세계이고, 다섯째는 중생탁衆生濁으로 사람들에게 수행이 없는 세계이다. 또 지옥과 아귀와 축생들이 가득 차 있고, 착하지 못한 것만이 모였기 때문에 욕계와 색계, 그리고 무색계인 삼계를 싫어하고 서방 극락세계를 원한 것이다.

所以經云 能於三界獄 勉出諸衆生 普智天人尊 哀愍
소 이 경 운 능 어 삼 계 옥 면 출 제 중 생 보 지 천 인 존 애 민

群盲類 能開甘露門 廣度於一切 又論云 超出三界獄
군 맹 류 능 개 감 로 문 광 도 어 일 체 우 논 운 초 출 삼 계 옥

目如靑蓮葉 聲聞衆無數 是故稽首禮 又往生論云 觀
목 여 청 련 엽 성 문 중 무 수 시 고 계 수 례 우 왕 생 론 운 관

彼世界相 勝過三界道 究竟如虛空 廣大無邊際 又准
피 세 계 상 승 과 삼 계 도 구 경 여 허 공 광 대 무 변 제 우 준

群疑論中說 淨土竪超三界 橫截五道 一得往生 更不
군 의 론 중 설 정 토 수 초 삼 계 횡 절 오 도 일 득 왕 생 갱 불

墮三界牢獄 直至無上菩提
타 삼 계 뇌 옥 직 지 무 상 보 리

그러기에 경에서 "능히 삼계의 지옥에서 모든 중생들을 벗어나게

하시고, 넓은 지혜를 가진 하늘 사람과 인간이 존경하는 분은 많은 눈먼 중생들을 불쌍히 여겨 감로법문을 열어 널리 일체 중생들을 제도하신다"라고 말하였다. 또 논에서 "삼계의 지옥을 벗어나면 눈이 청련화와 같고, 성문의 수가 헤아릴 수 없기 때문에 머리를 조아려 예배합니다"라고 말하였고, 또 『왕생론』에서는 "저 세계의 모습을 관하니 삼계의 도를 초월하고 구경究竟이 허공과 같아 넓고 커서 끝이 없다"라고 말하였다. 또 『군의론』에서는 "정토는 세로로는 삼계를 초월하고, 가로로는 5도道[100]를 끊으며, 한 번 왕생하면 다시는 삼계의 감옥에 떨어지지 않고 바로 무상보리에 이른다"라고 하였다.

故知彌陀淨土定離三界　不在三界之中　所以念佛法
고 지 미 타 정 토 정 리 삼 계　부 재 삼 계 지 중　소 이 염 불 법

門頓出三界　若欲念阿彌陀佛速生淨土者　要須三業
문 돈 출 삼 계　약 욕 념 아 미 타 불 속 생 정 토 자　요 수 삼 업

成就　第一　心唯有信　第二　口唯有念　第三　身唯有敬
성 취　제 일　심 유 유 신　제 이　구 유 유 념　제 삼　신 유 유 경

不問有人　無人　尊卑　老少　晝夜常不懈慢　名爲敬成
불 문 유 인　무 인　존 비　노 소　주 야 상 불 해 만　명 위 경 성

就　不議他人長短　說食數寶　唯口念佛　聲聲不絕　名
취　불 의 타 인 장 단　설 식 수 보　유 구 염 불　성 성 부 절　명

---

[100] 지옥도地獄道·아귀도餓鬼道·축생도畜生道·인간도人間道·천도天道를 말한다.

爲念成就 不墮貪瞋等煩惱及鬪亂 打罵 怨恨 嫉妬
위 염 성 취　불 타 탐 진 등 번 뇌 급 투 란　타 매　원 한　질 투

殺 盜 婬妄 是墮三塗因 與念佛法不相應故 唯有信
살 도 음 망　시 타 삼 도 인　여 염 불 법 불 상 응 고　유 유 신

念佛 不揀道 俗 不問男女 貴賤 不問罪有輕重 唯信
염 불　불 간 도　속　불 문 남 녀　귀 천　불 문 죄 유 경 중　유 신

爲本 若成就者 萬病皆差 不假世間醫藥 萬善自成
위 본　약 성 취 자　만 병 개 차　불 가 세 간 의 약　만 선 자 성

不假世間教經 頓能成就 其萬善成事 非是己能 亦非
불 가 세 간 교 경　돈 능 성 취　기 만 선 성 사　비 시 기 능　역 비

修行力 若據經文 從凡位至初地經一大阿僧祇劫 若
수 행 력　약 거 경 문　종 범 위 지 초 지 경 일 대 아 승 기 겁　약

三寶力 不假多劫
삼 보 력　불 가 다 겁

 그러므로 아미타불 정토는 삼계를 벗어나는 곳이지 삼계 가운데 있는 것이 아닌 줄 반드시 알아야 한다. 이처럼 염불 법문은 단번에 삼계를 벗어나는 수행이다. 만약 아미타불을 염하여 속히 왕생하고자 하면 모름지기 세 가지 업을 성취하는 것이 중요하다.

 첫째는 마음에 오직 믿음이 있어야 하고, 둘째는 입으로 오직 염하는 것이 있어야 하며, 셋째는 몸으로 오직 공경하여야 한다. 사람이고 사람이 아니고를 가리지 않고, 존귀와 비천, 그리고 늙고 젊음을 가리지 않고 누구나 밤과 낮으로 항상 게으름을 피우지 않는 것을 이름하여 공경을 성취한다(敬成就)고 하고, 다른 사람의 장단점을 말하지 않고, 밥투정을 하지 않으며, 재물에

끄달리지 않고 오직 입으로 부처님을 염하며, 소리와 소리가 끊어지지 않는 것을 이름하여 염을 성취한다(念成就)고 한다.

탐하는 마음, 성내는 마음 등 번뇌와 다툼·모욕·원한·질투·살생·도둑질·음행·거짓말 등에 떨어지지 않아야 한다. 만약 이 3도塗[101]에 떨어지면 염불법과 상응하지 않기 때문에 오직 믿음을 가지고 염불해야 한다. 출가자와 속인을 가리지 않고, 남자나 여자, 그리고 귀하고 천한 것을 묻지 않으며, 죄가 가볍고 무거움을 묻지 않고, 오직 믿음만이 근본이 되는 것이다. 만약 성취하는 사람은 만 가지 병이 다 쾌차하여 세간의 의약이 필요하지 않고, 만 가지 선이 스스로 이루어져 세간 진리의 가르침이 필요하지 않다. 한 번에 능히 성취되어 만 가지 선이 이루어지는 일은 자기가 능히 할 수 있는 일이 아니고, 또한 수행의 힘도 아니다. 경문에 의하면, 만약 범부의 지위에서 초지에 이르려고 하면 1대아승지겁을 닦아야 하지만, 만약 삼보의 힘을 빌리면 많은 겁이 필요하지 않다고 하였다.

又依經文　聞說阿彌陀佛　乃至一心　一念　歡喜踊躍
우의경문　문설아미타불　내지일심　일념　환희용약
志心廻向即得往生　住不退地　法華經云　諸有智者　以
지심회향즉득왕생　주불퇴지　법화경운　제유지자　이

---

[101] 3도三塗: 지옥·아귀·축생을 말하는데 이들은 염불법을 만나지 못해 염불을 할 수 없다.

譬喩得解 世間之中唯有母力 能令其子身得安穩 出
비유득해 세간지중유유모력 능령기자신득안온 출

世間中唯有諸佛 能令衆生出三界苦 得生淨土見佛
세간중유유제불 능령중생출삼계고 득생정토견불

聞法
문법

또한 경문에 의하면 "아미타불에 대한 말을 듣고 내지 일심과 일념으로 환희하고 용약踊躍[102]하여 지심으로 회향하면 곧 왕생할 수 있고 불퇴전의 지위에 머무른다"라고 하였다. 『법화경』에서 모든 지혜 있는 사람을 비유하기를 "세간 가운데에는 오직 어머니의 힘이 있어 능히 자식의 몸을 안온하게 하고, 출세간에는 오직 모든 부처님이 계시어 능히 중생을 삼계의 고통에서 벗어나 정토에 태어나 부처님을 친견하고 법을 듣게 한다"라고 하였다.

又依經文 佛有慈悲喜捨 慈能與樂悲能拔苦 不問地
우의경문 불유자비희사 자능여락비능발고 불문지

獄 餓鬼畜生及人中苦 若問卽不名大慈悲 又如其母
옥 아귀축생급인중고 약문즉불명대자비 우여기모

世間之母 於子有種種苦 終不辭勞 無疲倦 以樂爲本
세간지모 어자유종종고 종불사로 무피권 이락위본

豈容諸佛大聖 大悲 不問怨親 道俗 男女 平等普皆
기용제불대성 대비 불문원친 도속 남녀 평등보개

---

[102] 환희와 용약이란 염불에 대한 이야기를 듣고 기뻐 펄쩍뛰는 신심을 말한다.

救 救護何等苦 世間之苦與地獄苦百千萬倍 諸佛即
구 구호하등고 세간지고여지옥고백천만배　제불즉

救 況人中極輕 若不相救 即與經敎相違
구 황인중극경　약불상구　즉여경교상위

또한 경문에 의하면, 부처님에게는 자慈·비悲·희喜·사捨가 있다. 자慈는 능히 즐거움을 주고, 비悲는 능히 고통을 제거해 주는데 지옥·아귀·축생 및 사람들의 고통을 묻지 않는다. 만약 묻는다면 대자비라고 이름할 수가 있다.[103] 또 어머니와 같아서, 세간의 어머니는 자식에게 여러 가지 고통이 있으면 수고로움을 피하지 않고 피곤함도 없이 마침내 구제하는 것을 즐거움으로 여기고 근본을 삼지만, 어찌 모든 부처님의 대성大聖 대비大悲만 하겠는가? 부처님께서는 원한 있는 사람과 친한 사람, 출가자와 재가자, 남자와 여자를 묻지 않고 평등하게 널리 모두 구제하시는데 어떤 고통인들 구제하시고 보호하시지 못하겠는가? 세간의 고통, 지옥의 고통이 백천만 배나 되더라도 모든 부처님은 곧 구제하시는데, 하물며 인간 가운데 지극히 가벼운 것을 만약 구제하지 못한다면 곧 경전의 가르침과 서로 어긋나게 된다.

人中諸苦 發心悔過 作諸戒行 作諸功德 諸苦頓除
인중제고　발심회과　작제계행　작제공덕　제고돈제

---

[103] 원문에는 '不名'인데 문맥상 '不'이 없이 해석하는 것이 좋을 듯하다.

信始成就 生死退失 委知地獄不再入 人中諸苦 苦即
신시성취 생사퇴실 위지지옥부재입 인중제고 고즉
不滅 病即不差 千無一信者 縱有信者 不過旬月 尋
불멸 병즉불차 천무일신자 종유신자 불과순월 심
即還退 不見經文 以不知未來之苦 其心不定 現在之
즉환퇴 불견경문 이부지미래지고 기심부정 현재지
苦 復不得滅 衆生謗起 又依經文 現在之苦定滅 未
고 부부득멸 중생방기 우의경문 현재지고정멸 미
來之苦必無
래지고필무

사람들 가운데의 모든 고통은 발심하고 참회하며, 모든 계행을 짓고, 모든 공덕을 지으면 고통이 단번에 제거된다. 믿음이 비로소 성취되면 생사가 없어지고 지옥에 다시는 들어가지 않는 줄 자세히 알라. 사람들 중에 여러 가지 고통이 있어 이 고통이 멸하지 않고 병이 쾌차하지 않는 것은 천 사람 가운데 한 사람도 믿음이 없기 때문이다. 비록 믿음이 있는 사람이라도 열흘이나 한 달도 넘기지 못하고, 이윽고 믿음에서 물러난다. 경전의 내용을 보지 않기에 미래의 고통을 알 수 없고, 마음은 안정되지 않아 현재의 고통에서 벗어날 수 없어 중생들은 비방을 일으킨다. 그러나 경문을 의지하면 현재의 고통이 반드시 없어질 뿐만 아니라 미래의 고통도 반드시 없어진다.

今現世人有誦得經者　及有異行與國王相應者　頭髮
금 현 세 인 유 송 득 경 자　급 유 이 행 여 국 왕 상 응 자　두 발
卽落　袈裟著身　亦無戒行　在世間內　上至國王　下至
즉 락　가 사 착 신　역 무 계 행　재 세 간 내　상 지 국 왕　하 지
父母　皆反致敬　是誰之力　盡豈不是三寶之力
부 모　개 반 치 경　시 수 지 력　진 기 불 시 삼 보 지 력

이제 세상 사람들 가운데 경전을 얻어 독송하는 자는 특별한 수행을 하는 자로서 세간에서 가장 높은 국왕과 상응하게 된다. 머리를 깎고 몸에 가사를 입은 사람은 계행이 없더라도 세간에 머무르는 사람 가운데 위로는 국왕, 아래로는 부모에 이르기까지 모두 도리어 공경한다. 이것이 누구의 힘이겠는가? 다 삼보의 힘임을 어찌 부정하겠는가!

世間之內　亦有不問貴賤　男女　皆令自在　衣食自然
세 간 지 내　역 유 불 문 귀 천　남 녀　개 령 자 재　의 식 자 연
見者恭敬　不辭勞倦　以是義故　當知三寶之力　唯信乃
견 자 공 경　불 사 로 권　이 시 의 고　당 지 삼 보 지 력　유 신 내
知　不信之人如盲　如聾　等無有異　故知念佛之人　聲
지　불 신 지 인 여 맹　여 롱　등 무 유 이　고 지 염 불 지 인　성
聲不絶　無病不差　無罪不滅　定不驚怕　亦不轉退　日
성 부 절　무 병 불 차　무 죄 불 멸　정 불 경 파　역 불 전 퇴　일
日之中　心眼自開　轉加作意　並與經敎相應　行住坐臥
일 지 중　심 안 자 개　전 가 작 의　병 여 경 교 상 응　행 주 좌 와
心終不散　亦不失威儀
심 종 불 산　역 불 실 위 의

세간에 귀천과 남녀를 묻지 않고 모두에게 자재하게 음식이 생기는 것을 보면 공경하는 데 피곤함을 몰라야 한다.[104] 이러한 뜻을 가지고 있기 때문에 삼보의 힘은 오직 믿음에 의해 생긴 줄 마땅히 알라. 그리고 믿지 않는 사람은 앞을 보지 못하는 맹인과 같고, 소리를 듣지 못하는 귀머거리와 다름이 없는 줄 알라. 염불하는 사람이 소리와 소리가 끊어지지 않으면 낫지 못할 병이 없고, 멸하지 못할 죄가 없으며, 반드시 두려움이 없고, 또한 뒤로 물러나지 않는 줄 알라. 날마다 마음의 눈이 스스로 열리어 더욱더 생각을 내어 경의 가르침과 더불어 상응하고, 모든 행동 가운데 마침내 마음이 산란하지 않으며, 또한 위의를 잃지 않아야 한다.

縱聞諸經論 並與心行相應 轉加歡喜 遞相接引有信
종 문 제 경 론　병 여 심 행 상 응　전 가 환 희　체 상 접 인 유 신

之人 如母救子不辭勞倦 無信之人 寧當噤口而死 不
지 인　여 모 구 자 불 사 로 권　무 신 지 인　녕 당 금 구 이 사　부

得出言令他起謗 非是謗人 直謗於佛 當說彌陀經時
득 출 언 령 타 기 방　비 시 방 인　직 방 어 불　당 설 미 타 경 시

釋迦難解之法爲一切衆生說 若有信者 是六方諸佛
석 가 난 해 지 법 위 일 체 중 생 설　약 유 신 자　시 육 방 제 불

---

[104] 극락세계에는 자연히 음식이 생긴다는 것을 가지고 이 세간에서도 믿음이 있는 사람은 자연히 음식이 생긴다는 뜻으로 말하고, 또 이러한 것을 보면 공경하는 마음을 더욱더 일으켜야 한다는 의미인 것 같다.

知甚難信之法 恐後衆生生疑謗 故舒舌作證 表此經
지 심 난 신 지 법　공 후 중 생 생 의 방　고 서 설 작 증　표 차 경
文定不虛妄
문 정 불 허 망

가령 모든 경과 논을 듣고 아울러 마음과 행동이 상응하더라도 더욱더 환희하는 마음(信心)을 내야 한다. 차례로 믿음이 있는 사람을 인도하는 것은 어머니가 자식을 구제하는 데 피곤함을 모르는 것과 같다. 믿음이 없는 사람은 차라리 입을 다물고 죽은 듯이 말하지 말아야 한다. (말을 하게 되면) 다른 사람에 대해 비방만 하고, 이것이 다른 사람을 비방하는 것이 아니면 바로 부처님을 비방하는 것이 된다. 당시 『아미타경』을 설하실 때 석가모니부처님께서는 알기 어려운 법을 일체 중생을 위하여 말씀하셨다. 만약 믿음이 있는 사람이라면 육방의 모든 부처님께서 심히 믿기 어려운 법을 후대 중생들이 의심하여 비방하는 마음을 낼까 걱정하신 까닭에, 혀를 내밀어 증명하심으로써 이 경의 글이 결코 허망하지 않다고 표현하신 것을 믿어야 한다.

又聞此近來諸行者等　咸生驚疑及有誹謗者　以是義
우 문 차 근 래 제 행 자 등　함 생 경 의 급 유 비 방 자　이 시 의
故 諸佛再三懸知 末法世不信衆生 若有信者 一切諸
고　제 불 재 삼 현 지　말 법 세 불 신 중 생　약 유 신 자　일 체 제
佛共所護念 自不信佛語 自無善可得 住不退轉地 皆
불 공 소 호 념　자 불 신 불 어　자 무 선 가 득　주 불 퇴 전 지　개

彌陀經語 若不作業 自障聖道 彼此經教 皆是佛說
미타경어 약부작업 자장성도 피차경교 개시불설

自修行之教 善神護助之法 深生信敬 修行不捨 諸佛
자수행지교 선신호조지법 심생신경 수행불사 제불

護助 復是諸佛本願力教 現在聞而不信 直入地獄 無
호조 부시제불본원력교 현재문이불신 직입지옥 무

有出期 豈不謬哉
유출기 기불류재

또 듣건대, 근래 모든 수행자들이 다 놀라 의심하는 마음을 내고 비방하는 사람이 있는 것은 이러한 뜻이 있기 때문이다. 모든 부처님들께서는 새삼 미래세에 신심 없는 중생이 있을 것을 아시고 '만약 신심이 있는 사람은 일체 모든 부처님이 다 호념護念하신다'고 하신 것이다. 스스로 부처님의 말씀을 믿지 않으면 스스로 능히 불퇴전의 지위에 머무를 수가 없다는 것은 모두 『아미타경』의 말씀이다. 만약 선업을 짓지 않는다면 스스로 거룩한 도에 장애가 된다. 이 경이나 저 경의 가르침 모두가 부처님의 말씀으로, 이 수행법은 선신善神이 보호하고 돕는 법이기 때문에 깊이 믿고 공경하여 수행한다면 모든 부처님이 보호하며 도와주시어 버리지 않게 된다.

이처럼 모든 부처님의 본원력의 법을 현재 듣고도 믿지 않는다면 곧장 지옥에 들어가 벗어날 기약이 없으리니 어찌 잘못된 것이 아니겠는가!

11. 염불하여 삼계를 벗어나는 문

若見此經文 再三思量 審有經敎 方始相應念佛 戒行
약 견 차 경 문 재 삼 사 량 심 유 경 교 방 시 상 응 염 불 계 행
斷除法門 但能決定深信 至誠不退者 念念不絶 聲聲
단 제 법 문 단 능 결 정 심 신 지 성 불 퇴 자 염 념 부 절 성 성
喚佛 不問道俗 貴賤 貧富 好醜 男女 罪有輕重 唯取
환 불 불 문 도 속 귀 천 빈 부 호 추 남 녀 죄 유 경 중 유 취
信心成就 若不信諸佛慈悲 縱是父 母亦無救處 不得
신 심 성 취 약 불 신 제 불 자 비 종 시 부 모 역 무 구 처 부 득
往生 唯有信心成就 諸佛常住不滅 亦無退轉
왕 생 유 유 신 심 성 취 제 불 상 주 불 멸 역 무 퇴 전

만약 이 경문을 보고 거듭 다시 생각하고 헤아리고 자세히 살펴 경전의 가르침을 지니면 비로소 염불·계행 등 모든 업장을 소멸하는 법문과 상응하게 된다.

다만 능히 결정된 깊은 신심과 지극하고 진실한 마음에서 물러나지 않고 생각 생각이 끊어지지 않고, 소리 소리가 이어져 부처님을 부르되 출가자나 재가자, 귀하고 천한 사람, 가난한 자와 부자, 예쁘고 추한 사람, 남자나 여자 등을 묻지 않으며, 또 죄가 무겁고 가벼운 것을 묻지 않고 오직 신심을 가지고 성취해야 한다. 만약 모든 부처님의 자비를 믿지 않으면 비록 부모일지라도 구하지 못하며 왕생할 수 없다. 오직 신심을 성취하게 되면 모든 부처님들께서 열반에 들지 않고 항상 같이 하시어 물러나지 않게 된다.

信佛大聖 一切賢聖最上 最勝 最大 是名世尊 不問
신불대성 일체현성최상 최승 최대 시명세존 불문

過去 未來 現在所有眾生 不問大小 善惡 之心 多少
과거 미래 현재소유중생 불문대소 선악 지심 다소

皆知 若有人信佛大慈 大悲 能救衆生過去 未來 現
개지 약유인신불대자 대비 능구중생과거 미래 현

在所有衆多惡業罪障 發心悔過 並悉知之 尋即往救
재소유중다악업죄장 발심회과 병실지지 심즉왕구

亦不過時度 名爲大慈 大悲 如世間母 見子在糞穢中
역불과시도 명위대자 대비 여세간모 견자재분예중

及饑寒 苦痛 終不再離 名爲慈悲母 在世之人 無能
급기한 고통 종부재리 명위자비모 재세지인 무능

報母恩德是小 慈母於子尚不辭疲倦 諸佛大慈 大悲
보모은덕시소 자모어자상불사피권 제불대자 대비

與救百千萬倍 不唯救世間之苦 能救生死大苦 是故
여구백천만배 불유구세간지고 능구생사대고 시고

世間有能信者即救 亦不問罪有輕重
세간유능신자즉구 역불문죄유경중

부처님은 큰 성인이시고, 일체 현성賢聖[105] 가운데 가장 높으시며, 가장 수승하시고, 가장 위대하심을 믿어야 한다. 그러기에 세존이라 이름한다. 과거나 미래나 현재의 중생을 묻지 않으시며, 크고 적음, 선과 악의 마음이 많은가 적은가를 아시지만 묻지 않으신다. 만약 어떤 사람이 부처님의 대자대비를 믿으면 이를 아시고 중생의

---

[105] 현성賢聖: 십주十住·십행十行·십회향十廻向을 현賢이라 하고, 십지十地보살을 성聖이라 한다.

과거나 미래, 현재의 있는 바 여러 가지 많은 악업으로 인한 죄의 장애에서 구제하시며, 발심하고 참회하여 뉘우치면 다 그를 아시고 곧 찾아가서 구제하신다.

또한 부처님은 시기를 놓치지 않고 구제하시기 때문에 이름하여 대자대비라 한다. 마치 세간의 어머니가 자식이 더러운 똥과 굶주리고 추운 고통 속에 있는 것을 보고 끝까지 다시는 자식을 여의지 않으려는 것을 이름하여 자비스런 어머니라 하는 것과 같다. 세상 사람들은 능히 이러한 어머니의 은덕에 보답하지 못한다. 어머니의 적은 자비조차도 자식에 대해서 피곤함을 모르는데, 모든 부처님이 대자대비로 구제하시는 것은 이보다 백천만 배나 되고, 단지 세간의 고통만을 구제하실 뿐만 아니라 생사의 큰 고통을 구제하실 수 있다. 그렇기 때문에 세간에 능히 신심이 있는 사람을 곧 구제하는 데 죄의 무겁고 가벼운 것을 묻지 않는다는 것이다.

謹依法華經文 佛言 一切衆生皆是吾子 我則是父 汝
근 의 법 화 경 문   불 언   일 체 중 생 개 시 오 자   아 즉 시 부   여

等累劫衆苦所燒 我皆濟拔令出三界 又不問道俗 男
등 누 겁 중 고 소 소   아 개 제 발 령 출 삼 계   우 불 문 도 속   남

女 貴賤 老少 好醜 貧富及罪輕重 以是義故 唯論信
녀   귀 천   노 소   호 추   빈 부 급 죄 경 중   이 시 의 고   유 론 신

者 能悔過者 深信成就 聲聲不絕 念佛名字
자   능 회 과 자   심 신 성 취   성 성 부 절   염 불 명 자

삼가 『법화경』 말씀에 의하면, 부처님이 말씀하시기를 "일체 중생은 모두 나의 자식이고, 나는 너희들의 아버지이기에 너희들이 오랜 세월 동안 여러 가지 고통을 받는 것을 내가 다 구제하여 빼내어 삼계에서 벗어나게 하겠다"라고 하셨다. 또한 출가자나 재가자, 남자나 여자, 귀하고 천한 사람, 늙은이와 젊은이, 예쁘고 추한 사람, 가난하고 부자인 사람, 죄가 무겁고 가벼운 것을 묻지 않으신다. 이는 오직 신심이 있는 사람만을 논한다는 뜻이다. 그러니 능히 허물을 뉘우친 사람은 깊은 신심을 성취하여 소리와 소리가 끊어지지 않게 부처님의 명호를 염해야 한다.

經云 一切諸佛共所護念 皆得不退轉 又云 難信希有
경운 일체제불공소호념 개득불퇴전 우운 난신희유

之法 唯取信心 不云罪人 亦不得言 女人不得往生
지법 유취신심 불운죄인 역부득언 여인부득왕생

唯論信者 若是戒行成就者皆悉往生 即非難信 亦非
유론신자 약시계행성취자개실왕생 즉비난신 역비

希有 善男子 善女人能信不昧 不問罪有輕重 是病皆
희유 선남자 선여인능신불매 불문죄유경중 시병개

除 是罪皆滅 不論遠近 唯取信心 頓斷疑惑 頓覺念
제 시죄개멸 불론원근 유취신심 돈단의혹 돈각염

佛 如母救子 故名難信希有之法 說此經時 六方恒河
불 여모구자 고명난신희유지법 설차경시 육방항하

沙諸佛 各各出舌證明 即知過去 未來 現在衆生 聞
사제불 각각출설증명 즉지과거 미래 현재중생 문

者並皆生疑起謗　不信佛有如是力　故言難信希有之
자 병 개 생 의 기 방　 불 신 불 유 여 시 력　 고 언 난 신 희 유 지

法　是恒沙諸佛並皆舒舌　遍覆三千大千世界　爲作證
법　 시 항 사 제 불 병 개 서 설　 변 부 삼 천 대 천 세 계　 위 작 증

明　有能信者　不言怨親
명　 유 능 신 자　 불 언 원 친

경에서 "일체 모든 부처님이 함께 호념하시고, 다 불퇴전을 얻게 하신다"라고 하였고, 또 "믿기 어려운 희유한 법"이라고 하였다. 이는 오직 신심이 있는 사람을 취한 것이지, 죄인을 말한 것이 아니다. 또한 여인이 왕생할 수 없다고 말한 것도 아니다. 오직 신심을 가진 사람만을 논한 것이다.

만약 계행을 성취하는 자는 모두 다 왕생한다면 곧 믿기 어려운 것이 아니고 또 희유한 것도 아니다. 선남자나 선여인이 불퇴전(不昧)[106]을 믿을 수 있으면 죄의 가벼움과 무거움을 묻지 않고 병을 다 제거하시고 죄를 다 멸해주신다. 멀고 가까움을 논하지 않으시고 오직 신심만을 취하시어 단번에 의혹을 끊어주시고 단번에 염불로 깨닫게 해주신다. 이는 마치 어머니가 자식을 구제하는 것과 같기 때문에 "믿기 어려운 희유한 법"이라 이름한다. 이

---

106 불퇴전(不昧): 글자 뜻 그대로는 '어리석지 않음', '어둡지 않음' 등의 의미인데, 이를 불퇴전으로 해석하는 경우도 있다. 여기서는 극락에 왕생하면 모두 불퇴전에 오른다는 정토경전의 말씀을 믿는 것으로 보아 불퇴전으로 번역했다.

경(『아미타경』)을 설할 때 육방에 계신 항하사와 같이 많은 모든 부처님들이 각각 혀를 내어 이 경이 거짓이 없고 진실하다는 것을 증명하신 것은, 곧 과거나 미래나 현재의 모든 중생들이 이 경을 들으면 모두 의심을 내고 비방을 일으켜 부처님에게 이와 같은 힘이 있다는 것을 믿지 않을 줄 알기 때문에 "믿기 어려운 희유한 법"이라고 말씀하신 것이다. 이 항하사와 같이 많은 모든 부처님들이 모두 혀를 내어 삼천대천세계를 덮어 증명하시는 것이니, 능히 믿음이 있는 사람이면 원수나 친한 이를 논하지 않고 구제하신다.

觀經云 念一口阿彌陀佛 滅八十億劫生死之罪 又經
관 경 운　염 일 구 아 미 타 불　멸 팔 십 억 겁 생 사 지 죄　우 경

云 一切諸佛共所護念 諸佛慈悲等心普救 不問道俗
운　일 체 제 불 공 소 호 념　제 불 자 비 등 심 보 구　불 문 도 속

悔過廻向發願 定不過時 是名諸佛平等救衆生 念若
회 과 회 향 발 원　정 불 과 시　시 명 제 불 평 등 구 중 생　염 약

成就 無罪不滅 無病不差 無苦不除 無憂不喜
성 취　무 죄 불 멸　무 병 불 차　무 고 부 제　무 우 불 희

『관무량수경』에서 말씀하시기를 "입으로 아미타불을 한 번 염하면 80억겁의 생사 죄를 멸한다"라고 하셨고, 또 경에서 말씀하시기를 "일체 모든 부처님이 호념하시는 바이다"라고 하셨다. 모든 부처님이 평등한 자비심으로 널리 구제하심에 출가자나 재가자를 묻지

않으시고, 허물을 뉘우치고 회향 발원하면 결코 시기를 놓치지 않고 구제하시니, 이것을 일러 '모든 부처님은 평등하게 중생을 구제하신다'고 이름한다. 염念이 만약 성취되면 멸하지 못할 죄가 없고, 낫지 못할 병이 없으며, 없애지 못할 고통이 없고, 기뻐하지 못할 근심이 없다.

驚怕之者尋即自定 晝夜精進 忍辱成就 戒即不破 睡
경 파 지 자 심 즉 자 정　주 야 정 진　인 욕 성 취　계 즉 불 파　수

即策懃 亦不疲倦 所出言語 一依正敎 令人樂聞樂
즉 책 근　역 불 피 권　소 출 언 어　일 의 정 교　영 인 락 문 락

所行之行 故用孝養之人皆倣習 如是等中心貞志節
소 행 지 행　고 용 효 양 지 인 개 방 습　여 시 등 중 심 정 지 절

自在無礙 非是己能修習力 皆是世尊慈悲力也 若有
자 재 무 애　비 시 기 능 수 습 력　개 시 세 존 자 비 력 야　약 유

人 聞即悔 即學 即行 即念佛 是諸佛力
인　문 즉 회　즉 학　즉 행　즉 염 불　시 제 불 력

놀라 두려운 사람은 스스로 살피어 반드시 밤과 낮을 가리지 않고 정진해야 하고, 인욕을 성취할 것이며, 계를 파하지 말고, 졸리면 곧 채찍질하여 게으름을 피우지 않아야 한다. 밖으로 나타낸 언어 하나라도 바른 가르침에 의지해야 하며, 행해야 할 행[107]에 대해 듣는 것을 즐거워해야 한다. 그러기에 효도로써 봉양하려는

---

107 염불을 말하는 것 같다.

사람을 모두 모방하여 익히면, 이와 같은 가운데 마음은 곧고 뜻은 절개가 있고 자유자재로 장애가 없어지는데, 이는 자기가 닦은 수행의 힘이 아니라 모두가 세존의 자비의 힘이다. 만약 어떤 사람이 들으면 곧 뉘우치고, 곧 배우며, 곧 행하고, 곧 염불하는 것은 여러 부처님의 힘인 것이다.

能信之人 方始覺知 第一 身業 不得殺盜婬 亦不得
능신지인 방시각지 제일 신업 부득살도음 역부득

打害他一切衆生 亦不得觸世間細滑好華 綾羅 錦繡
타해타일체중생 역부득촉세간세활호화 능라 금수

繒綵 緋紫等 縱逢嚴寒 隨寒即死 終不再著 此物能
증채 비자등 종봉엄한 수한즉사 종부재착 차물능

障當來業道 能沈沒苦海 能令世間疑謗 亦令人怨恨
장당래업도 능침몰고해 능령세간의방 역령인원한

令人起愛心 女子著好衣 出入遊行 好塗粧粉 令放逸
영인기애심 여자착호의 출입유행 호도장분 영방일

多男子數數頻看不捨 父母多憂便起嗔怒 兄弟懷愁
다남자수수빈간불사 부모다우변기진노 형제회수

起大嗔怒 世人略見即生疑謗 師僧若見即破淨戒 賊
기대진노 세인략·견즉생의방 사승약견즉파정계 적

人見時即起盜心 如是等障皆好衣過患 不可盡說
인견시즉기도심 여시등장개호의과환 불가진설

믿을 수 있는 사람은 바야흐로 깨달아 알아야 한다.

　첫 번째 신업身業은 살생·도둑질·음행을 하지 않는 것이며,

또 다른 일체 중생을 해치지 않는 것이고, 세간의 섬세하고 부드러운 좋은 옷·능라[108]·수를 놓은 비단·빛깔이 화려한 비단·붉고 자줏빛이 나는 옷 등을 입지 않는 것이니, 비록 혹독한 추위를 만나 얼어 죽더라도 다시는 결코 입지 않겠다는 생각을 가져야 한다. 이런 물건들은 미래에 도를 닦는 데 장애가 되고, 능히 고통의 바다에 빠지게 하며, 세간 사람들이 의심하고 비방할 수 있으며, 또 사람들이 혐오하고, 사람들로 하여금 애착하는 마음을 일으키게 할 수 있다. 여자가 좋은 옷을 입고 드나들고 여행하며, 좋은 화장품을 바르는 것은 무절제한 많은 남자들로 하여금 여러 번 자꾸 보고 연연해하도록 하며, 부모로 하여금 근심이 많아 문득 성을 내게 하고, 형제로 하여금 근심을 품고 크게 성내는 마음을 일으키게 하며, 세상 사람들로 하여금 언뜻 보고도 곧 의심하고 비방하게 하고, 만약 스님들이 보면 곧 깨끗한 계를 파하게 하며, 도둑이 볼 때는 바로 도둑질할 마음을 일으키게 한다. 이와 같은 장애들은 모두 좋은 옷으로 인한 허물과 폐해로서 이루 다 말할 수가 없다.

若是孝行者 至死不著好衣 孝行俱成 身行正行 禮讚
약 시 효 행 자 지 사 불 착 호 의 효 행 구 성 신 행 정 행 예 찬

---

108 능라綾羅: 무늬가 있는 비단과 얇은 비단을 말한다.

不虧 廻旋出入 不得擺手急行 亦不得廻頭反視 亦不
불휴 회선출입 부득파수급행 역부득회두반시 역부

得抑睛戾眼 若坐不得舒脚 亦不得托地 不得欹睡倚
득억정려안 약좌부득서각 역부득탁지 부득의수의

物 唯老病不在此例 若論眠時 不得脫衣服 亦不得仰
물 유노병부재차례 약론면시 부득탈의복 역부득앙

眠舒脚及語 此是放逸懈怠 唯除老病及困時即暫得
면서각급어 차시방일해태 유제노병급곤시즉잠득

苦策懃 晚眠早起 日日如健 神情變利 智慧日日增
고책근 만면조기 일일여건 신정변리 지혜일일증

若不行依 即名放逸不信之人 罪復不滅 萬事不成 何
약불행의 즉명방일불신지인 죄부불멸 만사불성 하

況病苦 亦不得往生
황병고 역부득왕생

 만약 효도를 하는 사람이라면 죽음에 이르더라도 좋은 옷은 입지 않아야 하고, 효도의 행을 갖춘 몸이라면 바른 행동만을 하고, 예배하고 찬탄하는 것을 잃지 말아야 하며, 돌아다니고 출입하는 데 손을 흔들며 급히 움직이지 말아야 하고, 머리를 돌려 반대로 보지 말아야 하며, 또 눈알을 눌러 눈을 사납게 해서는 안 되고, 만약 앉을 때면 다리를 펴지 말 것이며, 손으로 땅을 짚지 말고, 졸린다고 사물에 기대지 말아야 한다. 다만 노인과 병든 사람은 여기에 포함되지 않는다.

 만약 졸리는 경우에는 옷을 벗지 말며, 잠이 온다고 다리를 펴거나 말하지 말라. 이것은 방일하고 나태한 태도이니, 오직 노인과 아프고 피곤할 때만 잠시 예외로 한다. 즉 잠시 힘이 들어도 채찍질하고 부지런하여 늦게 자고 일찍 일어나며 날마다 건강하게 하면 정신이 예리하게 바뀌고 지혜는 날로 늘어난다. 만약 이에 의지하여 행하지 않으면 곧 방일하고 믿지 않는 사람이라 부른다. 이런 사람은 다시 죄가 소멸되지 않고 온갖 일(萬事)을 이루지 못하는데, 하물며 병과 고통이 따르는 것은 말할 필요도 없고, 또한 마땅히 왕생할 수도 없다.

第二 口業 不得飲酒 食肉及五辛 糟醋 酒酵 麨麵 乳
제이 구업 부득음주 식육급오신 조초 주효 초면 유

酪 酥 密 粳糯世間上味飯食 如是等食 縱逢大饑 寧
락 소 밀 갱나세간상미반식 여시등식 종봉대기 녕

當忍饑卽死 更不再食 殺 盜 婬 妄語 嫉妬語 嗔恚語
당인기즉사 갱부재식 살 도 음 망어 질투어 진에어

我慢語 欺凌語 怨恨語 疑謗語 求財語 兩舌語 說他
아만어 기릉어 원한어 의방어 구재어 양설어 설타

人長短鬪亂語 諂曲語 毀呰愚癡語 惡呪語如是等語
인장단투란어 첨곡어 훼자우치어 악주어여시등어

若欲說時無有盡期 但是聞人善惡言語 皆不得說 此
약욕설시무유진기 단시문인선악언어 개부득설 차

是無盡 無益 鬪諍語多著魔 亦令人病發 若不再說
시무진 무익 투쟁어다착마 역령인병발 약부재설

與佛教相應 不勞讀經書 唯加念佛 行住坐臥不礙生
여불교상응 불로독경서 유가염불 행주좌와불애생

活 聲聲不絕 念佛不移
활 성성부절 염불불이

두 번째 구업口業은 술을 마시거나 고기를 먹거나 오신채[109]와 쌀과 밀, 그리고 보리로 만든 갖가지 맛있는 음식과 우유를 정제해서 만든 음식 등 세상의 맛있는 음식들을 먹지 말라. 비록 심한 굶주림에 시달리더라도 오히려 마땅히 참아야 하고, 굶어 죽더라도 다시는 먹지 않겠다는 생각을 가져야 한다. 살생, 도둑질, 음행, 거짓말, 질투하는 말, 화내는 말, 잘난 체하는 말, 속이는 말, 원망하는 말, 의심하여 비방하는 말, 재물을 구하는 말, 이간질하는 말, 다른 사람의 장단점을 들추는 말, 싸우는 말, 아첨하고 왜곡하는 말, 어리석은 이를 헐뜯는 말, 사악한 주문을 하는 말 등 모든 말들을 다 거론하려면 끝이 없다. 단지 사람들로부터 선하고 악한 말을 들으면 모두 말하지 말라. 이것은 끝도 없고 이익도 없으며, 다투는 말은 다분히 악마가 달라붙는 말이어서 사람들에게 병을 유발하게 한다. 만약 다시는 나쁜 말을 하지 않는다면 부처님의 가르침과 더불어 상응하여 경전을 독송해도 피곤함을 모르고, 오직 염불을 더 하여 행주좌와에 장애가 없는 생활을 하게 되며, 소리와 소리가 끊어지지 않고 염불하는 데 흔들림이 없다.

---

[109] 오신채: 수행하는 데 방해되는 5가지 음식으로 부추·파·마늘·흥거興渠·생강 등이다.

11. 염불하여 삼계를 벗어나는 문

唯急喚大作聲　復須分明道字　此教猶如小兒喚母　急
유급환대작성　부수분명도자　차교유여소아환모　급

急不得散　外去惡緣　此是定心　坐禪念佛定　各有多門
급부득산　외거악연　차시정심　좌선염불정　각유다문

道俗　但得心淸淨　不問男女　貴賤　唯取信敬　孝養之
도속　단득심청정　불문남녀　귀천　유취신경　효양지

人　但能皆得病苦消滅　道業成就　以是義故　六方諸佛
인　단능개득병고소멸　도업성취　이시의고　육방제불

出廣長舌相　證明不虛　又云　能信　專念不捨之人　一
출광장설상　증명불허　우운　능신　전념불사지인　일

切諸佛共所護念　此是彌陀經文　現在流行　處處不絕
체제불공소호념　차시미타경문　현재유행　처처부절

오직 큰소리로 세차게 부르며 모름지기 명호를 분명하게 불러야 한다. 이 가르침은 마치 어린아이가 어머니를 부르는 것과 같아서, 아주 급하면 산란하지 않게 된다. 밖으로 악한 반연을 멀리하면 이것이 마음을 고요히 하는 좌선이요 염불삼매다. 각각 여러 가지 수행을 하는 출가자와 재가자들이 다만 청정한 마음을 얻으면 남자나 여자, 귀하고 천한 사람을 불문하고 오직 믿음과 공경을 지니며 효도하고 봉양하는 사람이며, 모두가 병의 고통이 소멸될 뿐만 아니라 도업道業을 성취하게 한다. 이러한 뜻을 가지고 있기 때문에 육방의 모든 부처님께서 넓고 긴 혀를 내밀어 헛되지 않다고 증명하신 것이다. 또 이르기를 '능히 믿고 오로지 염불하는 것을 버리지 않는 사람은 일체 모든 부처님이 함께 호념해주신다'

고 하셨다. 이것은 『아미타경』에 나오는 글로서, 현재까지 곳곳에서 끊어지지 않고 유행流行되고 있다.

第三 意業 不得非理貪癡 不得心生疑謗 不得心生蛆
제삼 의업 부득비리탐치 부득심생의방 부득심생저

蚯怨 不得心生殺盜婬 妄想惡緣 不得心生我慢貢高
구원 부득심생살도음 망상악연 부득심생아만공고

輕蔑他人 自是非他 耽財愛色 若起如是之心 放逸自
경멸타인 자시비타 탐재애색 약기여시지심 방일자

恣 詐嗔 虛喜 不實之心 諸佛必知 不來相救 如有道
자 사진 허희 불실지심 제불필지 불래상구 여유도

俗 貴賤 貧富 皆須平等 不問怨親 與佛教相應
속 귀천 빈부 개수평등 불문원친 여불교상응

세 번째 의업意業은 진리가 아닌 것을 탐하여 어리석은 짓을 하지 않고, 마음으로 의심하고 비방하지 않으며, 마음으로 구더기처럼 원망하지 않고, 마음으로 살생·도둑·음행·망상·악한 반연 등을 일으키지 않으며, 마음으로 자기를 높이고 자랑하거나 다른 사람을 업신여기지 않고, 자기는 옳고 다른 사람은 그릇되다 하거나 재물에 빠지거나 애욕을 좋아하지 않아야 한다. 만약 이와 같은 마음을 일으키면 방일하고 방자하며, 속이고 성내며, 헛되게 기뻐하는 진실하지 못한 마음이기에 모든 부처님은 반드시 아시고 와서 구제하지 않으신다. 혹 출가자나 재가자, 귀하고 천한 사람, 가난하고 부자인 사람을 대하거든 모두 모름지기 평등하게 대하여

11. 염불하여 삼계를 벗어나는 문

원수나 친함을 묻지 않는 것이 부처님 가르침과 상응한다.

若無此心 發露懺悔 盡形爲期 死生不移 如是等人前
약무차심 발로참회 진형위기 사생불이 여시등인전
念廻向 後念卽覺 如子憶母養子 不辭勞倦 不避辛苦
념회향 후념즉각 여자억모양자 불사로권 불피신고
尋卽往看 若能如是者 始大慈悲 意業淸淨 平等如虛
심즉왕간 약능여시자 시대자비 의업청정 평등여허
空 三業 六根如是等行 依戒律如法修行 所違觸者
공 삼업 육근여시등행 의계율여법수행 소위촉자
不可一一具陳 唯願正念 正廻向 慈悲深信決定 至誠
불가일일구진 유원정념 정회향 자비심신결정 지성
不退 若與言敎不相應 縱令念佛 共不能救 罪亦不滅
불퇴 약여언교불상응 종령염불 공불능구 죄역불멸
病苦難除 貪財敗德 及禍之基 取之非理 爲惡之本
병고난제 탐재패덕 급화지기 취지비리 위악지본
一切惡誓願斷 一切善誓願修 恒沙功德誓願滿 無上
일체악서원단 일체선서원수 항사공덕서원만 무상
佛道誓願成
불도서원성

만약 이러한 마음이 없으면 드러내 참회하되 몸이 다하도록 해야 하고, 죽고 사는 데 동요되지 않아야 한다. 이와 같은 사람은 앞생각(前念)을 회향하면 뒷생각(後念)에 곧 깨닫게 된다. 마치 자식이 어머니를 생각하면 자식을 기르는데 피곤함을 마다하지 않거나 쓰라린 고통도 피하지 않고 찾아가 돌보는 것과 같다.

만약 능히 이와 같은 마음을 가지면 비로소 대자비이며, 의업이 청정하고 평등하여 허공과 같다고 할 수 있다. 삼업三業과 육근六根으로 이와 같은 행을 하되 계율에 의지하고 법답게 수행해야 한다. 어기고 맞는 것을 하나하나 갖추어 다 말할 수 없으니 오직 원컨대 바르게 염하고, 바르게 회향하여 자비와 깊은 믿음, 지극하고 진실된 마음에서 물러나지 않아야 한다. 만약 말과 가르침이 상응하지 못하면 비록 염불하더라도 능히 다 구제되지 못하고, 죄 또한 멸하지 않으며, 병의 고통도 제거되기 어렵다. 도적의 마음만 탐하고, 덕을 무너뜨리는 것은 재앙의 근본이고, 진리가 아닌 것을 취하는 것은 악의 근본이니 모든 악 끊기를 서원하고, 모든 선 닦기를 서원하며, 항하사와 같은 덕이 가득하기를 서원하고, 무상보리 이루기를 서원하라.

弟子(某甲)等稽首和南　盡虛空遍法界一切諸佛十二
제 자 (모 갑) 등 계 수 화 남　　진 허 공 변 법 계 일 체 제 불 십 이

部經　諸大菩薩　聲聞　緣覺一切賢聖　受弟子等請　來
부 경　　제 대 보 살　　성 문　　연 각 일 체 현 성　　수 제 자 등 청　　내

入道場證明　弟子今日今時蒙善知識教　弟子發露懺
입 도 량 증 명　　제 자 금 일 금 시 몽 선 지 식 교　　제 자 발 로 참

悔　未覺悟時　及覺悟已來　於其中間　三業造罪　身業
회　　미 각 오 시　　급 각 오 이 래　　어 기 중 간　　삼 업 조 죄　　신 업

不善　殺害眾生不可知數　偸盜財物廣若恒沙　婬欲熾
불 선　　살 해 중 생 불 가 지 수　　투 도 재 물 광 약 항 사　　음 욕 치

11. 염불하여 삼계를 벗어나는 문

盛污諸淨行 口業不善 妄語 綺語 惡口 兩舌 誹謗三
성오제정행 구업불선 망어 기어 악구 양설 비방삼

寶鬪亂無邊 意業不善 貪名求利如海吞流 嗔恚猛火
보투란무변 의업불선 탐명구리여해탄류 진에맹화

燒諸功德 十惡業罪無明所作 自作教他 見聞隨喜 無
소제공덕 십악업죄무명소작 자작교타 견문수희 무

問大小 不敢覆藏 今總懺悔 願佛慈悲證明攝受 莫違
문대소 불감복장 금총참회 원불자비증명섭수 막위

人願 今日今時所懺諸罪 隨懺即滅 弟子持此念佛功
인원 금일금시소참제죄 수참즉멸 제자지차염불공

德 報恩家債主恩 受取功德 近相捨離同生淨土 志心
덕 보은가채주은 수취공덕 근상사리동생정토 지심

歸命 頂禮阿彌陀佛
귀명 정례아미타불

제자 (아무개) 등은 머리를 조아려 끝없는 허공법계에 두루하신 일체 모든 부처님·12부경部經·모든 대보살·성문·연각 등 현성賢聖들께 합장하여 예배합니다. 제자들이 청하여 받자옵나니, 도량에 오시어 증명하여 주십시오. 제자가 오늘 이 시간에 선지식의 가르침을 입고 진실로 드러내어 참회하옵나니, 깨닫지 못한 때나 깨달은 이후에 삼업으로 많은 죄를 지었습니다. 신업身業이 착하지 못해 중생을 살해한 것을 가히 헤아릴 수 없고, 재물을 도둑질한 것이 많아 항하사와 같으며, 음욕이 치성하여 모든 깨끗한 행을 오염시켰으며, 구업口業이 착하지 못해 거짓말·간사한 말·독한 말·이간질하는 말 등 업을 짓고, 삼보를 비방하였으며, 어지럽게

다투는 것이 끝이 없고, 의업意業이 착하지 못해 명예를 탐하고 이익만을 구하는 것이 바다를 삼키는 것과 같고, 성내고 어리석은 불길이 모든 공덕을 태워버렸습니다. 이러한 열 가지 악업과 죄는 무명無明으로 인해 지은 것이고, 스스로 지은 것이며, 남으로 하여금 짓게 하여 보거나 듣고 기뻐하며 크고 작은 것을 불문하고 감히 덮어 주지 못한 것들이옵니다.

 이러한 것들을 이제 모두 참회하옵나니, 원컨대 부처님께서는 자비로 증명하시고 거두시어 사람들의 원을 어기지 말아 주십시오. 오늘 이 시간에 참회한 모든 죄 참회를 따라 멸하여 주시고, 제자는 이 염불하는 공덕으로 부모의 은혜와 국가의 은혜에 보답하며, 얻은 공덕으로 모두 함께 정토에 태어나게 하여 주십시오. 지극한 마음으로 귀의하면서 아미타불께 예배를 올립니다.

從來生死界 未識佛僧時
종래생사계 미식불승시

所造衆惡業 因此願消滅
소조중악업 인차원소멸

塵含佛刹土 刹中過現佛
진함불찰토 찰중과현불

我以三業淨 久住刹舍中
아이삼업정 구주찰사중

凡聖虔誠者 皆知淨國土
범성건성자 개지정국토

喜心咸頂禮　普禮念佛人
희 심 함 정 례　보 례 염 불 인

書此念佛鏡　喜集無上因
서 차 염 불 경　희 집 무 상 인

廻向衆生類　共生安樂國
회 향 중 생 류　공 생 안 락 국

從今至圓滿　在在受生時
종 금 지 원 만　재 재 수 생 시

常憶於宿命　不轉念佛人
상 억 어 숙 명　부 전 염 불 인

淨土往生不易聞　頓超沙劫證玄門
정 토 왕 생 불 이 문　돈 초 사 겁 증 현 문

子呼慈父須來生　但慮稱心恐不眞
자 호 자 부 수 내 생　단 려 칭 심 공 부 진

　태어나고 죽는 세계에 헤매는 동안

　아직 부처님과 스님네를 알지 못할 때

　지은 바 여러 가지 악한 업

　이 인연으로 원컨대 소멸시켜 주소서.

　티끌 가운데 모든 불국토가 포함되고

　국토 가운데 계신 과거 현재 부처님

　제자 이 깨끗한 세 가지 업으로

　오랫동안 국토 가운데 머무릅니다.

범부와 성인을 공경하고 진실한 사람
모두 깨끗한 국토인 줄 알고
기쁜 마음으로 다 머리 조아려 예배하고
널리 염불하는 사람에게 예배합니다.

이 『염불경』을 사경하고
기쁘게 위없는 인연 지은 것을
여러 중생들에게 회향하여
함께 안락국에 왕생하여지이다.

지금부터 원만한 과果를 이룰 때까지
곳곳에서 몸을 받을 때
항상 전세의 일을 기억하여
염불하는 사람으로 있게 하여지이다.

정토에 왕생하는 법 듣기 쉽지 않은데
단번에 한없는 세월 뛰어 넘는 진리의 문을 증명하시고,
자식이 자비스런 어버이를 부르면
모름지기 오시는데
다만 부르는 마음 진실하지 않을까 걱정이옵니다.

하루 12시에 닦는 서방 극락세계 법

修西方十二時
수서방십이시

平旦寅 被衣出戶整心神 合掌焚香望極樂 慇懃遙禮
평단인 피의출호정심신 합장분향망극락 은근요례

紫金身 日出卯 不應念佛論多少 安在專心繫一緣 勿
자금신 일출묘 불응염불론다소 안재전심계일연 물

爲妄境相侵擾 食時辰 念佛先須伏我人 若將念佛恃
위망경상침요 식시진 염불선수복아인 약장염불시

人我 何始何成淨土因 禺中巳 進修淨土須決志 如喰
인아 하시하성정토인 우중이 진수정토수결지 여식

甘露自知甜 且莫謗人道不是 正南午 想念吾師如目
감로자지첨 차막방인도불시 정남오 상념오사여목

覩 無邊業障自然消 豈要云爲枉辛苦 日昳未 浩浩生
도 무변업장자연소 기요운위왕신고 일질미 호호생

死誠堪畏 不取西方速疾門 塵沙劫海須沈墜 晡時申
사성감외 불취서방속질문 진사겁해수침추 포시신

急急須持淨土因 羸健不能勤念佛 一朝虛作世間塵
급급수지정토인 전건불능근염불 일조허작세간진

日沒酉 想知光景何能久 看看無常即到來 莫教佛字
일몰유 상지광경하능구 간간무상즉도래 막교불자

離心口 黃昏戌 勿使身心多過失 十惡雖然亦往生 何
리심구 황혼술 물사신심다과실 십악수연역왕생 하

如上品蓮開疾 人定亥 深心念佛真三昧 十地高人尚
여 상 품 연 개 질　인 정 해　심 심 염 불 진 삼 매　십 지 고 인 상
爾修 將知不信寧非罪 夜半子 朝朝念佛常如此 皆乘
이 수　장 지 불 신 녕 비 죄　야 반 자　조 조 염 불 상 여 차　개 승
蓮華一往生 從茲決定無生死 雞鳴丑 壯盛俄然即衰
연 화 일 왕 생　종 자 결 정 무 생 사　계 명 축　장 성 아 연 즉 쇠
朽 忙忙剎海更無親 唯有彌陀獨招乎
후　망 망 찰 해 갱 무 친　유 유 미 타 독 초 호

　새벽 동이 트는 인시(寅時: 오전 3~5시)에는 옷을 입고 문을 나와 마음을 정리하고 합장하며, 향을 사루어 극락세계를 바라보며 은은히 멀리 부처님의 자금신紫金身께 예배하라.

　태양이 솟아오르는 묘시(卯時: 오전 5~7시)에는 염불 많이 하고 적게 함을 논하지 말라. 오로지 편안한 마음으로 하여 한 가지 반연에 몰두하되 망령된 경계가 서로 침범하여 어지럽게 하지 말라.

　아침밥을 먹는 진시(辰時: 오전 7~9시)에 염불하는 이는 모름지기 먼저 아상과 인상을 조복해야 한다. 만약 부처님을 염하면서 아상과 인상을 가지고 있으면 어찌 정토에 태어나는 인因을 이루리오.

　정오가 되기 전 사시(巳時: 오전 9~11시)에는 정토를 닦는 굳은 의지가 있어야 한다. 마치 감로수를 마시듯이 스스로 맛 좋은 것을 알아 사람을 비방하며 옳지 않는 곳으로 인도하지 말라.

태양이 바로 위에 있는 오시(午時: 오전 11시~오후 1시)에는 나의 스승[110]을 생각하되 눈으로 보는 것 같이 하면 끝없는 업장이 자연히 소멸되나니, 어찌 그릇되게 쓰라린 고통이 되리오.

　태양이 가장 밝은 미시(未時: 오후 1~3시)에는 넓고 넓은 생사의 바다에서 진실로 두려움에 빠지게 됨을 생각하라. 서방에 빨리 도달하는 문을 취하지 않으면 한없는 세월 생사의 바다에 빠져 고통을 받는다.

　저녁밥을 먹는 신시(申時: 오후 3~5시)에는 급하고 급한 것 정토의 인연을 갖는 것이다. 원만하게 부지런히 염불하지 않고, 하루아침 허망하게 세간의 티끌만을 짓는구나.

　태양이 지는 유시(酉時: 오후 5~7시)에는 서녘에 지는 태양의 광명 어찌 오래 볼 수 있으리오. 무상함이 곧 다가오니 부처님 명호를 마음과 입에서 여의지 말라.

　황혼이 깃든 술시(戌時: 오후 7~9시)에는 몸이나 마음으로 많은 과실을 짓지 말라. 비록 열 가지 악한 업이 있더라도 왕생할 수 있다고 하나 어찌 상품上品의 연꽃이 빨리 피는 것만 같으리오.

　잠자리에 드는 해시(亥時: 오후 9~11시)에는 마음속 깊이 부처님을 염하라. 참된 삼매와 십지의 높은 성인도 이렇게 닦아 이룬 줄 알라. 믿지 않음이 어찌 죄가 아니리오.

110　여기서 스승이란 아미타불을 말하는 것 같다.

한밤중인 자시(子時: 오후 11시~오전 1시)에는 매일 새벽마다 염불하라. 항상 이와 같이 하면 모두 연꽃을 타고 서방에 한 번 왕생하여 이로부터 반드시 태어나고 죽는 윤회가 없느니라.

새벽닭이 우는 축시(醜時: 오전 1~3시)에는 왕성한 기운이 잠시 있다가 곧 쇠퇴한다. 빠르고 빠른 거친 바다에 의지할 것 없고, 오직 아미타불만이 홀로 손짓하면서 부르시네.

서방을 닦기를 권하는 열 가지
修西方十勸
수 서 방 십 권

勸君一 長時念佛須眞實 歸依佛語莫生疑 制護心猿
권군일 장시염불수진실 귀의불어막생의 제호심원

無放逸 勸君二 唯思念佛無餘事 澄心決定願西方 臨
무방일 권군이 유사염불무여사 징심결정원서방 임

終自見如來至 勸君三 念佛先須斷愛貪 臨終心淨見
종자견여래지 권군삼 염불선수단애탐 임종심정견

如來 似月淸光照碧潭 勸君四 莫令念佛心移忘 臨終
여래 사월청광조벽담 권군사 막령염불심이망 임종

極樂寶華迎 觀音勢至俱來至 勸君五 莫辭念佛多辛
극락보화영 관음세지구래지 권군오 막사염불다신

苦 思惟長劫生死輪 更向何人求出路 勸君六 念佛時
고 사유장겁생사륜 갱향하인구출로 권군육 염불시

中恒相續 假使不念順凡情 何日得離生死獄 勸君七
중항상속 가사불념순범정 하일득리생사옥 권군칠

念佛莫令三業失 專專敬禮願西方 去見彌陀無上日
염불막령삼업실 전전경례원서방 거견미타무상일

勸君八 敎修念佛牟尼法 應須遵奉本師言 命盡得往
권군팔 교수염불모니법 응수준봉본사언 명진득왕

彌陀刹 勸君九 念佛眞心爲上首 臨終化佛共來迎 七
미타찰 권군구 염불진심위상수 임종화불공내영 칠

寶蓮華隨願誘 勸君十 念佛常須心口急 思量業海苦
보연화수원유 권군십 염불상수심구급 사량업해고

輪深 生死忙忙悔難及 求生西方淨土念佛鏡(終)
륜심 생사망망회난급 구생서방정토염불경 (종)

자네에게 첫째로 권하노니, 오랫동안 하는 염불은 모름지기 진실해야 하고, 부처님 말씀에 귀의하여 의심을 내지 말며, 원숭이와 같은 마음을 제압하여 방일하지 말라.

자네에게 둘째로 권하노니, 오직 염불만을 생각하고 다른 일은 하지 말며, 마음을 깨끗하게 하여 반드시 서방을 원하면 임종 시에 여래 스스로가 오시니 친견할 수 있다.

자네에게 셋째로 권하노니, 부처님을 염할 때 먼저 모름지기 애착과 탐욕을 끊고, 임종 때에 마음이 깨끗하면 여래를 친견하는데 마치 깨끗한 달빛이 푸른 못을 비치는 것과 같다.

자네에게 넷째로 권하노니, 부처님을 염할 때 마음이 흔들려 잊어버리지 않으면 임종 시에 극락세계의 보배스런 연꽃이 맞아주며 관세음보살과 대세지보살이 함께 오신다.

자네에게 다섯째로 권하노니, 염불할 때 고통이 심하다고 하여 포기하지 말라. 오랫동안 생사에 윤회한 것을 생각하라. 다시 어떤 사람을 향하여 벗어날 길을 구하겠는가!

자네에게 여섯째로 권하노니, 염불할 때 항상 쉬지 말고 하라. 순수하고 범상한 생각으로 염하지 않으면 어느 때 생사의 지옥을 벗어날 수 있겠는가!

　자네에게 일곱째로 권하노니, 염불할 때 3업을 잃지 않게 하라. 전심으로 경례하고 서방을 원하면 그곳에 가서 아미타불의 위없는 광명을 친견한다.

　자네에게 여덟째로 권하노니, 염불을 닦게 가르친 것은 석가모니부처님 법이다. 응당히 본사本師의 말씀을 따라 받들면 목숨이 다해 아미타 국토에 왕생할 수 있다.

　자네에게 아홉째로 권하노니, 염불은 진실로 모든 수행 가운데 상수上首이다. 임종 시에 화신 부처님이 함께 와 맞이하며, 칠보의 연꽃으로 원을 따라 인도하신다.

　자네에게 열 번째로 권하노니, 염불은 항상 모름지기 마음과 입으로 절박하게 하라. 업의 바다에서 고통받는 윤회가 깊음을 생각하니 생사에 망망하여 다하기 어렵다.

　『구생서방정토염불경求生西方淨土念佛鏡』 끝.[111]

---

[111] 『염불경』은 여기서 끝난다. 아래의 내용은 신수대장경의 『염불경』 말미에 수록된 것을 옮긴 것이다. 특히 「임종정념왕생문臨終正念往生文」은 고래로 중국과 한국, 일본에서 선도대사의 저작으로 인식되며 널리 유통되어 왔다.

五蘊浮虛夢幻身 假緣空聚一堆塵
오 온 부 허 몽 환 신　가 연 공 취 일 퇴 진
死魔一至憑何敵 急念彌陀莫厭頻
사 마 일 지 빙 하 적　급 념 미 타 막 염 빈

오온이라는 덧없고 헛되고 꿈이고 허깨비인 몸은
가짜 인연으로 허공에다 티끌 한 무더기 모은 것.
죽음이 한 번 닥치면 무엇으로 대적할까?
급히 아미타불을 염하는 것에 싫증내지 말라.

임종정념왕생문

臨終正念往生文

知歸子問善道和尚曰　世事之大莫越生死　一息不來
지 귀 자 문 선 도 화 상 왈　　세 사 지 대 막 월 생 사　　일 식 불 래

便屬後世　一念差錯便墮輪廻　小子累蒙開誨念佛往
변 속 후 세　　일 념 차 착 변 타 윤 회　　소 자 누 몽 개 회 염 불 왕

生之法　其理甚明　又恐病來　死至之時　心識散亂　仍
생 지 법　　기 리 심 명　　우 공 병 래　　사 지 지 시　　심 식 산 란　　잉

慮他人惑動正念　忘失淨因　伏望重示歸徑之方　俾脫
려 타 인 혹 동 정 념　　망 실 정 인　　복 망 중 시 귀 경 지 방　　비 탈

沈淪之苦
침 류 지 고

지귀자知歸子[112]가 선도화상善道和尚[113]에게 질문하기를,

---

112 지귀자知歸子: 누구를 말하는지는 확실하지 않다. 글자 그대로 보면 '돌아갈 곳을 아는 사람'이란 의미로, 아마 극락정토로 돌아갈 것을 아는 정토행자일 것으로 보인다.

113 선도화상善道和尚: '선도善道'라는 한자는 『염불경』의 저자 중 한 사람과 같지만, 후대의 여러 정토법문 책에 나오는 「임종정념왕생문」에는 대부분 저자를 정토종을 창시한 '선도화상善導和尙'으로 표기하고 있다. 하지만 학계에서는 일반적으로 선도대사의 저술이 아니라, 후대에 누군가가 선도

"세상의 큰일에 생사를 뛰어넘는 것은 없습니다. 한 번 숨이 돌아오지 못하면 문득 다음 세상에 속하게 되고, 한 생각 어긋나면 문득 윤회에 떨어지고 맙니다. 소자小子[114]는 (스승께서) 염불왕생의 법에 대해 애써 가르쳐주심을 입어 그 도리는 분명히 알고 있습니다. 그러나 병이 들어 죽음이 닥칠 때 마음이 산란해질까 두렵고, 또한 다른 사람들이 정념을 혼란케 흔들어 정인淨因[115]을 잃어버릴까 염려됩니다. 엎드려 바라오니, 거듭 정토로 돌아가는 방법을 보여주시어 윤회에 빠지는 고통에서 벗어나게 해주소서."

師曰 善哉問也 凡一切人命終欲生淨土 須是不得怕
사왈 선재문야 범일체인명종욕생정토 수시부득파

死 常念此身多苦 不淨惡業種種交瀍 若得捨此穢形
사 상념차신다고 부정악업종종교전 약득사차예형

超生淨土 受無量快樂 解脫生死苦趣 乃是稱意之事
초생정토 수무량쾌락 해탈생사고취 내시칭의지사

如脫弊衣得換珍服 但當放下身心 莫生戀著 凡遇有
여탈폐의득환진복 단당방하신심 막생연착 범우유

病之時 便念無常 一心待死 叮囑家人及看病人 往來
병지시 변념무상 일심대사 정촉가인급간병인 왕래

대사의 이름을 가탁한 것으로 본다.

114 소자小子: 아들이 부모에게, 또는 임금이 자기 조상에게 자기를 낮추어 일컫는 말. 여기서는 제자인 질문자가 스승인 선도화상에게 스스로 겸칭하는 말로 본다.

115 정인淨因: 정토에 왕생하는 원인으로, 곧 잡념 없이 염불하는 것을 말한다.

問候之人 凡來我前 爲我念佛 不得說眼前閑雜之話
문후지인 범래아전 위아염불 부득설안전한잡지화

家中長短之事 亦不須軟言安慰 祝願安樂 此皆虛華
가중장단지사 역불수연언안위 축원안락 차개허화

無益之語 若病重將終之際 親屬不得垂淚哭泣 及發
무익지어 약병중장종지제 친속부득수루곡읍 급발

嗟嘆 懊惱之聲 惑亂心神 失其正念 但當同聲念佛
차탄 오뇌지성 혹란심신 실기정념 단당동성염불

助其往生 待氣盡了多時 方可哀泣 纔有絲毫戀世間
조기왕생 대기진료다시 방가애읍 재유사호련세간

心 便成罣礙 不得解脫 若得明曉淨土之人 頻來策勵
심 변성괘애 부득해탈 약득명효정토지인 빈래책려

極爲大幸 若依此者 決定超生 即無疑也
극위대행 약의차자 결정초생 즉무의야

스승이 말씀하시기를,

"좋은 질문이다. 무릇 목숨이 마칠 때 정토에 왕생하기를 바라는 모든 사람들은 모름지기 죽음을 두려워하지 말라. '이 몸은 고통이 많고 갖가지 부정함과 악업이 뒤엉켜 있으니 만약 이 더러운 몸을 버리고 정토에 왕생한다면 한량없는 즐거움을 받고 생사의 괴로운 곳에서 해탈할 것이다. 이것이 뜻에 부합하는 일로 마치 망가진 옷을 벗고 진귀한 새 옷으로 갈아입는 것과 같다'고 항상 생각해야 한다. 다만 마땅히 몸과 마음을 내려놓고 삶에 연연해 집착하지 말라.

무릇 병이 났을 때는 곧 무상無常을 생각하며 일심으로 죽음을 기다려야 한다. 그리고 집안사람들이나 간병인, 왕래하여 안부를 묻는 사람들에게 다음과 같이 신신당부해야 한다.

'무릇 내 앞에 오면 나를 위해 염불을 해줄 것이요, 눈앞에서 한가하게 잡담을 하거나 집안의 크고 작은 일들을 말하지 말 것이다. 또한 부드러운 말로 위로하거나 안락하기를 축원해서는 안 된다. 이런 것들은 모두 이익이 없는 헛되이 꾸미는 말일 뿐이다. 만약 (내가) 중병이 들어 곧 임종할 때면 친지들은 흐느껴 울거나 소리 내어 울어서는 안 된다. 그러면 정신이 혼란해져 정념正念을 잃게 된다. 다만 마땅히 같은 소리로 염불하여 왕생하기를 도와줄 것이다. 그리고 기운이 완전히 다하여 마치는 때를 기다린 뒤에야 비로소 슬피 울 수 있다. 겨우 털끝만큼이라도 세간에 대해 아쉬워하는 마음이 있다면 바로 장애를 이루어 해탈할 수 없다. 만약 정토에 대하여 밝게 아는 사람이 있어 자주 와서 경책하고 격려해줄 수 있다면 매우 다행한 일이다!'

만약 이런 사람에게 의지할 수 있다면 반드시 왕생할 수 있으니 의심하지 말라!

又問曰 求醫服藥 還可用否 答曰 求醫服藥 初不相
우 문 왈 구 의 복 약 환 가 용 부 답 왈 구 의 복 약 초 불 상

妨 然藥者只能醫病 不能醫命 命若盡時 藥豈奈何
방 연 약 자 지 능 의 병 불 능 의 명 명 약 진 시 약 기 내 하

若殺物命爲藥 切不可也
약 살 물 명 위 약　절 불 가 야

다시 묻기를,

"의사를 구해 약을 복용하는 것은 또한 어떠합니까?"

답하기를,

"의사를 구해 약을 복용하는 것은 처음에는 지장이 없다. 하지만 약이란 것은 단지 병을 치료할 수 있을 뿐 목숨을 치료할 수는 없다. 목숨이 만약 다했을 때라면 약이 무슨 소용이 있겠는가! 만약 동물의 생명을 죽여 약으로 삼는다 해도 절대로 가능하지 않다!"

又問曰 求神祈福如何 答曰 人命長短 生時已定 何
우 문 왈　구 신 기 복 여 하　답 왈　인 명 장 단　생 시 이 정　하

假鬼 神能延之耶 若迷惑信邪 殺害衆生 祭祀鬼神
가 귀　신 능 연 지 야　약 미 혹 신 사　살 해 중 생　제 사 귀 신

但增罪業 反損壽矣 大命若盡 小鬼奈何 空自惝惶
단 증 죄 업　반 손 수 의　대 명 약 진　소 귀 내 하　공 자 장 황

俱無所濟 切宜謹之 當以抄寫此文 帖向目前 令時昔
구 무 소 제　절 의 근 지　당 이 초 사 차 문　첩 향 목 전　영 시 석

見之 免致臨危忘失
견 지　면 치 임 위 망 실

다시 묻기를,

"신에게 빌어 복을 구하는 것은 어떠합니까?"

답하기를,

"사람의 목숨이 길고 짧은 것은 태어날 때 이미 정해진 것인데 어찌 귀신을 핑계로 늘일 수 있겠는가! 만약 삿된 믿음에 미혹되어 중생을 살해하여 귀신에게 제사를 지낸다면 단지 죄업만 증가하고 오히려 목숨은 감소될 뿐이다! 대명(大命: 天命)이 다하는데 작은 귀신이 어찌할 것인가! 공연히 스스로 당황하고 불안하지만 도움 받을 일이 전혀 없으니 부디 삼가해야 할 것이다. 마땅히 이 문장을 베껴 적어 눈앞에 붙여 두고는 언제나 이를 봄으로써 위급함을 당했을 때 잊지 않도록 해야 한다."

又問曰 平生未嘗念佛人 還用得否 答曰 此法僧俗
우문왈 평생미상염불인 환용득부 답왈 차법승속

男女未念佛人 用之皆得往生 決無疑矣 余多見世人
남녀미염불인 용지개득왕생 결무의의 여다견세인

於平常念佛 禮讚 發願求生西方 及致病來 却又怕死
어평상염불 예찬 발원구생서방 급치병래 각우파사

都不說著往生解脫之事 直待氣消命盡 識投冥界 方
도불설착왕생해탈지사 직대기소명진 식투명계 방

始十念鳴鐘 恰如賊去關門 濟何事也 死門事大 須是
시십념명종 흡여적거관문 제하사야 사문사대 수시

自家著力始得 若一念差錯 歷劫受苦 誰人相代 思之
자가착력시득 약일념차착 역겁수고 수인상대 사지

思之 若無事時 當以此法精進念佛 竭力受持 是爲臨
사지 약무사시 당이차법정진염불 갈력수지 시위임

終大事 可謂一條蕩蕩西方路 徑直歸家莫問津
종대사 가위일조탕탕서방로 경직귀가막문진

다시 묻기를,

"평생 한 번도 염불하지 않은 사람도 여전히 이 방법을 사용할 수 있습니까?"

답하기를,

이 법은 승려나 속인, 남녀나 아직 염불을 하지 않은 사람도 사용하면 모두 왕생할 수 있으니 결코 의심하지 말라. 나는 세상 사람들을 많이 보았는데, 그들은 평상시에는 염불하고 예배 찬탄하며 서방왕생을 발원하다가, 병이 들면 오히려 죽음을 두려워하여 모두가 왕생해탈의 일을 말할 겨를이 없게 된다. 기운이 끊어지고 목숨이 다하길 기다리다가 식(제8식)이 저승에 던져지고서야 비로소 십념염불을 시작한다. 마치 도적이 나간 뒤에 문을 잠그는 것과 같으니 무슨 도움이 되겠는가! 죽음의 관문은 큰일이니, 모름지기 자기로부터 힘을 써야 비로소 얻을 수 있다. 만약 한 생각 어긋나면 오랜 겁 동안 고통받게 되니, 그 누가 대신해 주겠는가! 생각하고 또 생각해야 한다! 만약 일이 없을 때는 마땅히 이 법으로써 염불에 정진하고 힘을 다하여 수지함으로써 임종의 대사를 위하라. 그러면 서방의 드넓은 길이 하나로 열린다고 말할 수 있으니 곧장 집으로 돌아가는 나루터를 묻지 않아도 되리라.

제자 임운종林雲從은 은銀 1냥을 보시해 구하는 바가 뜻대로 이루어지길 바랍니다.
청신사信士 당준唐俊 신동信童 당경唐瓊, 가배가哥培哥,
청신녀信女 진묘정陳妙淨과 임인林引으로 하여금 함께 은 2냥을 보시하오니.
오직 복과 수명이 같이 늘어나기를 기도하오며
법계의 중생들이 모두 정각을 이루기를 발원합니다.
원래의 판본은 항주 운서사 연지대사蓮池大師 처소에 있으며,
지금은 포전 국환사國歡寺 장경당에서 다시 새기며, 장경은 관자 함 제3권에 의거하였다.

弟子林雲從捨銀壹兩所求如意者

信士唐俊　信童唐瓊哥培哥

信女陳妙淨　林引使共捨銀貳兩五錢

惟祈福壽同增　願法界衆生　俱成正覺者

原板在杭州雲棲蓮池大師處今重刻于莆田國歡寺藏經堂　出藏經管字函第三卷據

『염불경』 해제

1. 저자와 저술 연대

이 책의 원래 이름은 『염불경念佛鏡』이다. 이 제목은 사람의 얼굴을 거울에 비추어 보면 거짓 없이 나타나듯이 염불하여 얻는 공덕을 있는 그대로 규명한다는 의미에서 붙여진 이름일 것이다. 이 책은 중국의 도경道鏡과 선도善道가 8세기경에 같이 저술한 책이다. 일본에서 편찬한 대정신수대장경(大正藏) 제47권에서는 이 책에 대해, 종교대학에 소장되어 있는 도쿠가와(德川) 시대의 간행본을 수록한다고 밝히고 있다.

도경과 선도에 대해서는 옛날 많은 고승들을 기록한 『고승전』, 『양고승전』, 『속고승전』, 『송고승전』, 『왕생서방정토서응전』, 『정토왕생전』, 『왕생집』 등에 전혀 기록되어 있지 않기 때문에 그 행적을 알 수가 없다.

그런데 일본 불교계 대학자인 모치츠키 신코(望月信亨)[116] 박사는 "진복사본 『계주전』에 열거되어 있는 것을 보고 언급한다"라고 밝혔다. 필자는 아직 이 책을 보지 못했기 때문에 어떤 내용이 수록되어 있는지 알 수 없고, 그래서 모치츠키 신코 박사가 논한 것을 인용한다.

---

[116] 모치츠키 신코(望月信亨, 1869~1948): 일본 근대 정토종의 거두이자 『망월불교대사전』의 편자로 널리 알려진 세계적인 불교학자이다.

진복사본眞福寺本 『계주전戒珠傳』 중권에서는 상주相州 일광사日光寺 도경의 전기에 관하여 "도경은 풀로 지붕을 이어서 암자로 삼고, 꽃을 따서 몸을 따뜻하게 하였으며, 오로지 염불삼매를 수행하였다. 더욱이 십만억 아미타불상을 그리려고 하였으나 일생 동안 원하는 바를 채우지 못할까 우려하여, 이에 판화板畵를 만들어 향을 사르고 이를 인쇄하기를 낮과 밤을 가리지 않았다. 이미 1만억이나 되는 불상을 인쇄하였을 때는 향 연기 가운데서 환상幻想과 같이 부처님의 화현을 보았고, 5만억에 이르러서는 거의 비슷한 부처님의 색상色相을 보았다. 6만억 불상을 완성하고 나서는 몸의 모습을 분명하게 보았으며, 8만억 불상을 완성한 후에 화신하신 부처님이 미소 지으며 말씀하셨다. 십만억 불상에 이르러서는 화신불化身佛께서 '너는 이미 왕생할 수 있는 업業을 성취하였으니 오래지 않아 나의 정토에 왕생할 것'이라고 알리신 것을 감득하였다. 이어서 도경이 '산란한 마음으로 염불하여도 왕생할 수 있느냐고 여쭙자, 부처님은 반드시 왕생할 수 있다고 대답하였다. 그는 그 후 6년이 지나 입적하였다"라고 하였다.

여기에 연대 등은 기록되어 있지 않으나 혹 도경이 『염불경』의 저자일지도 모른다. 만일 그렇다고 보면 그는 열렬히 아미타불을 신앙한 사람이라고 할 수 있다.

또한 같은 『계주전』 중권에서는 사주泗州 선풍善豊의 전기를 인용하여 "그는 어려서 출가하여 도선사道禪師가 『관무량수경』을 강의하는 것을 듣고 오로지 백호관白毫觀을 수행하다가 원화元和 13년(818)에 흰 광명을 감득하고 입적하였다"라고 말하고 있다. 이를 근거로 하여 모치츠키 신코 박사는 "여기서 말한 도道선사가 혹 지금의 선도善道를 가리킨 것이 아닌가 생각된다"고 하여, 선도와 도경을 정원(貞元, 785~805), 원화(元和, 806~820)경의 인물로 보고 있다. 필자도 이에 이의를 제기할 만한 자료가 없기 때문에 도경과 선도를 9세기경 인물로 본다.

이를 뒷받침하는 것은 이 책 가운데 열거되어 있는 정토가淨土家들이다. 이 책에서 열거하고 있는 정토가들을 보면 혜지慧持[117], 혜원慧遠[118], 도작道綽[119], 도진道珍, 조법사肇法師, 선도善導[120], 회

---

[117] 혜지(慧持, 337~412): 동진東晉 때 고승. 여산 혜원의 형제. 나중에 백련결사에 참여하였다고 한다.

[118] 혜원(慧遠, 334~416): 동생 혜지와 함께 도안道安에게 출가. 후에 여산廬山 동림사東林寺에서 백련결사를 만들어 정토법문을 조직적으로 선양하여 뒤에 중국 정토종 초조로 추존되었다.

[119] 도작(道綽, 562~645): 병주幷州 문수文水 출신. 14세에 출가하여 『열반경』을 배우며 선을 닦다가, 40대 후반에 분주汾州 현중사玄中寺에서 담란대사의 사적을 보고는 정토에 귀의하였다. 그는 말법사상에 근거하여 칭명염불을 적극 주창하였는데, 위로는 담란대사를 계승하고 아래로는 선도대사에게 정토법을 전하였다. 저서로는 『안락집安樂集』 2권이 있다.

[120] 선도(善導, 613~681): 안휘安徽 사주泗州 출신(일설에는 산동 임치臨淄). 10세에 출가하여 삼론三論을 연구하고 여러 경전을 공부하다가, 어느 날 서방변상

감회감懷感[121], 법회法會, 지인智仁, 온법사蘊法師, 대행大行[122] 등이다. 이 중에서 가장 많이 인용한 정토가는 대행으로 17회나 되고, 다음은 선도가 7회이다. 대행의 설을 많이 인용하였기 때문에 이 책을 저술한 두 사람은 대행의 문인門人이거나, 혹은 대행의 법손法孫으로 보는 견해도 있다. 또는 이 책에 회감의 『군의론』이 인용되어 있는 사실로 보아 이 책의 저자는 회감과 회휘懷揮[123]보다

> 도를 보고는 감동하여 왕생을 발원하였다. 641년에 도작의 제자가 되었으며, 특히 『관무량수경』을 깊이 연구하였다. 후에 장안長安으로 가서 칭명 위주의 정토법문을 널리 폈다. 그는 담란과 도작의 사상을 계승하여 아미타불의 본원에 근거한 칭명염불을 널리 주창함으로써 중국 8대 종파 중 정토종의 실질적 창종자로 인정받고 있으며, 후대에 정토종의 2대 조사로 추존되었다. 저서에 『관무량수경소』(관경사첩소)를 비롯한 5부 9권이 있다.
>
> 121 회감(懷感, ?~680 혹은 699): 선도의 제자. 3년간 염불하여 염불삼매를 얻었으며, 『석정토군의론釋淨土群疑論』을 지어 정토에 관한 여러 의문점을 설명하고자 했다.
>
> 122 대행의 생몰生沒 연대에 대한 기록이 없기 때문에 확실히 어느 시대의 인물인지 알 수 없다. 대행은 기원후 800년 이전 사람으로 정토가의 한 사람이라 추측된다. 왜냐하면 도경道鏡과 선도善道가 같이 저술한 『염불경』 중에서 대행이란 이름이 17번이나 나오고 있으며, 징관(澄觀, 738~839)의 『화엄경수소연의초』(대정장 제36권 p.667a)에서 "又高齊大行和尙宗崇念佛云"이라고 하여 대행의 염불사상에 대해 언급하고 있고, 또 이 『염불경』 가운데서 "大行和上勸信處 問云"과 "准大行和上念佛 總有十種利益"라고 되어 있기 때문에 대행의 저서가 그 시대까지는 있었다고 생각되지만, 지금은 현존하지 않는 것이 유감이다.

후대 인물인 것은 분명하다. 한편으로 대행·법회·지인 등은 당나라 후기 인물일 가능성이 있어 조사해 보았지만 법회와 지인의 생몰연대에 대해서는 알 수 없고, 대행에 대한 전기는 볼 수 있다.

대행의 전기는 『송고승전』, 『왕생서방정토서응전』, 『정토왕생전』 등에 열거되어 있다. 이 가운데 가장 빨리 편찬된 것은 문심文諗과 소강小康이 편찬한 『왕생서방정토서응전往生西方淨土瑞應傳』이다. 문심의 생애는 알 수 없지만 소강은 정원 21년(805) 10월에 입적하였기 때문에 대행을 소강 이전 사람으로 보는 것이 타당하다. 특히 『왕생서방정토서응전』에서 "후질우협이종後疾右脇而終"이라고 대행의 입적에 대해 기록하고 있으므로 소강이 이 책을 편찬할 때는 대행이 생존하지 않았음을 알 수 있다. 그래서 필자는 대행을 805년 이전 사람이라고 생각하고, 도경과 선도는 대행의 설을 인용하고 있기 때문에 805년 이후의 사람이라고 본다.

그런데 계주戒珠의 『정토왕생전』에는 대행이 당나라 건부(乾符, 847~879) 중에 태산泰山에 들어갔다고 기록되어 있으나 이것은

---

123 회휘(懷揮, 655~712): 선도의 제자. 융천隆闡법사라고도 한다. 회감이 『석정토군의론』을 다 끝내지 못하고 입적하자 이를 마무리하여 완성하였다. 선도의 사후, 스승의 기념하고자 장안(西安) 근교에 향적사香積寺를 짓고 선도대사숭령탑을 건립하였다. 그 후로 향적사는 중국 정토종의 발원지로 여겨져 왔다.

잘못된 것이 아닌가 생각된다. 이에 대해서 이미 모치츠키 신코 박사가 지적한 것처럼 징관澄觀이 정원 8년(792), 또는 9년(793)경에 지은 『화엄경수소연의초華嚴經隨疏演義鈔』 제85권에 "고제대행화상高齊大行和尙"이라고 대행의 이름이 나와 있는 것을 보면 그는 정원貞元 이전 사람인 것이 분명하다. 왜냐하면 징관이 792~793경에 저술한 『화엄경수소연의초』에 대행의 "종숭염불宗崇念佛"을 인용한 것은 대행이 792년 이전에 논하였음을 증명하기 때문이다.

그런데 대행이 이러한 염불사상을 피력할 수 있으려면 적어도 나이 30세는 넘어야 한다고 본다. 계주의 『정토왕생전』에 나온 "건부乾符"라는 연대와 계산해 보면 대행의 나이가 백세가 훨씬 넘기 때문에 가능성이 없으므로 『정토왕생전』은 잘못된 것으로 보아야 할 것이다.

다음으로 『염불경』의 제4 '이미 왕생한 사람을 밝히는 문(已得往生門)'에서는 다음과 같이 말하고 있다.

또 근래 북도北都[124]에 작선사綽禪師[125]라는 사람이 있었고, 또

---

124 북도北都: 북위 시대에는 성락盛樂을 북도北都라 하였고, 당나라 시대에는 태원太原을 북도北都라 하였다. 여기서는 당나라 시대의 태원, 즉 지금의 산서성山西省 태원현太原縣을 말한 것 같다.
125 작선사綽禪師: 도작선사를 말한다.

서경西京[126]의 선도善導 사리闍梨[127], 회감법사懷感法師, 대행화상大行和尙 및 승려 법회法會 등 수백 명의 승려가 아미타불을 염하여 정토에 왕생하였다. 비구들뿐만 아니라 서경西京과 동경東京[128] 및 다른 모든 곳의 수많은 비구니들도 정토에 왕생하였다. 그리고 비구니들뿐만 아니라 서경과 동도東都[129] 및 다른 곳에 있는 수많은 재가자인 남자 신자와 여자 신자도 아미타불을 염하여 목숨을 마치려고 할 때에 좋은 경계를 얻어 정토에 왕생하였다. 이와 같은 일들은 갖추어 가히 설할 수 없고 『왕생전』에 열거되어 있는 것과 같다.

이 가운데 "근래북도유작선사인近來北都有綽禪師人"이라고 한 내용에서는 도작선사(645년 입적)와 멀지 않은 시기에 『염불경』이 편찬되었음을 엿볼 수 있고, "『왕생전』에 열거되어 있는 것과 같다"는 것은 아마도 문심과 소강이 같이 편찬한 『왕생전』을 말하

---

126 서경西京: 서한(西漢; 後漢)과 당나라의 수도로서 지금의 장안長安을 말한다.
127 사리闍梨: 아사리(阿闍梨, ācārya)를 말한다. 인도에서는 일반적으로 스승을 말하나, 불교 교단에서는 제자의 행위를 바르게 지도하고, 그에게 사범師範이 되며, 덕이 높은 승려를 말한다. 소승불교에서는 5회 이상 계속 안거를 하고, 계율에 밝으며, 갈마羯磨를 감당할 수 있는 사람을 말한다.
128 동경東京: 낙양洛陽을 말한다. 즉 장안長安을 서경西京이라고 부르듯이 낙양을 동경이라고 부른다.
129 동도東都: 후한의 수도인 낙양을 말한다.

는 것으로 생각되기 때문에 805년 이후 820~830년경에 『염불경』이 편찬된 것으로 추측할 수 있다. 그렇기 때문에 이 책은 당나라 말기에 저술된 것으로 볼 수 있고, 이 시기는 선도에 의해 정토신앙이 널리 일반 민중에게 정착되어 신앙되고 있었으며, 여러 번의 폐불 정책에 의해 시대에 대한 부정적인 견해가 발생하여 말법사상이 팽배했던 시기라고 볼 수 있다. 이러한 시대에 구제받을 수 있는 방법은 아미타불의 본원력을 입는 염불뿐이라 생각하여 이 책이 저술된 것이 아닌가 생각한다.

2. 이 책의 핵심사상인 염불

이 책은 제목에서 알 수 있듯이 염불에 대한 것이 주된 내용이다. 전체는 11단원으로 구성되어 있는데, 정토·장엄·근기·말법관末法觀에 대한 이야기는 적고, 염불 수행이 왜 수승한가와 염불 방법에는 어떤 것이 있는가, 그리고 염불하여 얻는 이익은 무엇인가 등에 대한 것이 주로 열거되어 있다. 그렇기 때문에 지금까지의 정토에 대한 저서와는 색다른 면이 보인다. 이 책에 나타난 중요한 사상을 간추려 보면 다음과 같다.

첫 번째로는 많은 수행 가운데 염불 수행을 선택한 이유에 대한 내용이다.

여래가 비록 모든 선근공덕善根功德을 짓는데 팔만 사천 가지 법문이 있다고 설하셨지만, 오직 염불의 한 수행문만이 최상법最上法이다. 여래가 비록 모든 선근공덕을 설하셨지만 오직 염불의 한 법이 있으니 이것이 곧 다선근多善根이고 다복덕多福德이다. 이 밖의 잡선雜善을 염불에 비교한다면 모두 소선근少善根이며 소복덕少福德이다. 실로 다른 수행의 문이 염불 법문에는 미칠 바가 못 된다. 그렇기 때문에 알라. 염불에 의한 수행문은 다선근이고 다복덕이다.

이처럼 염불의 한 수행문이 팔만 사천 가지 수행문 가운데 최고로 수승한 법이라고 하였다. 왜냐하면 염불을 하면 많은 선근을 짓고 많은 복덕을 얻는 데 비해, 염불 외의 다른 수행들은 선근을 적게 짓고 복덕 또한 적게 얻기 때문이다. 이 책에서 염불의 수승한 공덕에 대해서 구체적으로 강조한 것은 여러 논사 가운데 흔히 볼 수 있는 일이 아니다.

이러한 견해에서 도경과 선도가 얼마나 염불을 중요시하였는지 알 수 있다. 이 소선근과 다선근, 소복덕과 다복덕의 관념은 『아미타경』에서 말하는 "가히 적은 선근과 복덕 인연으로는 저 국토에 태어날 수가 없다"고 하는 사상에서 나왔다고 본다. 이러한 관념에 의해 이 책에서 염불이라는 한 가지 수행만을 선택하였다고 생각된다. 이것을 뒷받침하기 위해 같은 단원에서 이렇게 말하고 있다.

여래의 팔만 사천 가지 법문으로 만약 염불법문을 바라보면 다른 잡선雜善은 모두 선근이 적고, 오직 염불의 한 문만이 선근이 많으며, 많은 복덕을 얻게 된다. 이것은 무엇으로 알 수 있는가? 『관무량수경』 하품하생의 글에 의하면 십념十念을 성취하면 곧 정토에 태어나고, 한 번 소리 내어 하는 염불이 반드시 팔십억 겁 동안 지은 생사 죄를 멸한다고 하였다. 한 번 염하는 것이 이미 능히 팔십억 겁의 생사 죄를 멸할 뿐만 아니라 팔십억 겁의 미묘한 공덕을 얻는다는 것을 분명히 알라. 그렇기 때문에 염불의 한 법만이 곧 다선근多善根인 줄 알라. 또 다른 잡선은 자력으로 수행하는 사람이 많은 세월을 거쳐야 이룰 수 있다. 염불 수행은 아미타불의 본원력本願力을 입기 때문에 빠르면 하루, 늦으면 이레 동안 염불하면 곧 정토에 왕생하여 불퇴전不退轉의 지위에 머무른다.

염불이 많은 선근과 많은 복덕이 되는 이유에 대해서는 『관무량수경』의 "십념十念과 일성염불一聲念佛에 의한 멸죄滅罪, 또 하루나 이레 동안 하는 염불에 의해 왕생과 불퇴전의 지위에 머물 수 있다"는 설에 근거를 두고 있다고 하였다. 여기서 말한 하루 또는 이레 동안의 염불은 『아미타경』에 설해져 있으며 『관무량경』의 설은 아니다. 이는 두 저자가 『아미타경』의 설을 착각하여 말한 것 같다.

이 책에서는 이와 같이 염불에 의해 많은 과보를 얻을 수 있는 까닭은 아미타불의 본원력에 의한 것이라고 결론 내리고 있다. 이런 사상은 이 책이 나오기 이전 담란, 도작, 선도 등이 주장해왔다. 그렇기 때문에 『염불경』의 저자는 이들의 영향을 받아 오직 염불 한 수행문만을 주장한 것이라고 볼 수 있다. 그래서 제8단원인 '서원하여 증득하기를 가르치는 문(誓願證敎門)'에서는 다음과 같이 말하고 있다.

선도善導 사리가 서경사西京寺 내에 있을 때 금강법사金剛法師와 염불의 우열優劣에 대해 논한 적이 있다. 선도는 높은 자리에 올라 원을 세워 말하기를 "모든 경전에서 세존께서는 '염불의 한 법으로 정토에 태어날 수 있고, 하루·이레·일념·십념으로 아미타불을 염하면 반드시 정토에 태어난다'고 하셨다. 이것이 진실로 중생을 속이는 것이 아니라면 곧 이 법당 안의 두 불상에서 모두 광명을 놓을 것이요, 만약 이 염불법이 헛되어 정토에 태어나지 못하고 중생을 속이고 현혹시키는 것이라면 선도는 이 높은 자리 위에서 곧 지옥에 떨어져 오랫동안 고통을 받으면서 벗어날 기약이 없을 것이다"라고 하였다. 선도가 여의장如意杖으로 법당 안의 불상을 가리키니 모두 광명을 놓았다.

이는 중국에서 정토를 널리 선양한 선도가 염불을 선택한 굳은 신념을 보여준 대목이다. 이에 따르면 저자는 선도의 영향을 가장 많이 받아 염불문을 선택하여 책을 저술하였다고 생각된다.

또 제2 단원인 '자력문과 타력문(自力他力門)'에서는 염불문을 타력으로 규정하고 있다.

여래가 비록 8만 4천 가지 법문을 설하셨지만 오직 염불의 한 수행문만이 타력이고, 다른 수행문은 모두 자력이다.

이어지는 다음 문장에서는 염불은 아미타불의 본원을 입는 행도行道라고 강조하였다. 아미타불의 본원력을 입어 8지의 불퇴전에 이르고, 한 생각 사이에 왕생하며, 속히 무상보리를 증득하고 모든 쾌락을 누리며, 성불한다고 하는 등 염불의 수승함에 대해 찬탄하였다.

이 외 염불의 장점에 대해서 "염불법은 사리쌍수事理雙修[130]로서 마치 지상에다 궁전을 짓는 것과 같기 때문에 이루기 쉽다"라고 하였다. 즉 염불 수행은 이사쌍수理事雙修의 수행으로 성취하기 쉬운 반면, 자력문인 참선 등은 허공에다 궁전을 조립하는 것과 같아 결국 이루지 못한다고 하였다. 이를 통해 도경과 선도가

---

130 사리쌍수事理雙修: 이理는 절대 평등한 진리의 본체를 말하고, 사事는 차별적인 현상을 말하는 것으로, 이사쌍수란 이 두 가지를 융통하여 같이 닦는 것이다.

얼마나 염불을 강조하였는지를 엿볼 수 있다.

한편, 염불하는 사람이 갖추어야 할 행으로서 먼저 믿음을 들고 있다. 이 믿음에 대해서는 염불을 권하는 제1 단원 '염불로 나아가기를 권하는 문(勸進念佛門)'에서 이렇게 밝히고 있다.

부처님은 삼계三界[131]의 대사이시고, 사생四生[132]의 자부慈父[133]이시다. 믿음을 가지고 귀의한 사람은 죄가 멸해짐이 항하사恒河沙와 같고, 외우고 염하는 사람이 복을 얻는 것은 헤아릴 수 없다. 무릇 부처님을 염하고자 하면 신심을 일으켜야 한다. 만약 믿음이 없으면 헛되어 얻을 것도 없을 것이다.

부처님은 욕계·색계·무색계의 큰 스승이시고, 사생의 어진 어버이이시기 때문에 믿음을 가지고 정토에 귀의하는 사람은

---

131 삼계三界: 욕심이 있는 욕계欲界와 욕심은 없고 몸만 있는 색계色界, 그리고 욕심과 몸은 없고 정신만 있는 무색계無色界를 말한다.
132 사생四生: 생명체가 태어나는 네 가지 방식을 말한다. 첫째 태생(胎生, Jarāyuja)은 어머니 태에서 태어나는 것으로 사람과 짐승이 이에 속하며, 둘째 난생(卵生, aṇḍaja)은 알에서 태어나는 것으로 새 같은 것을 말한다. 셋째 습생(濕生, saṃsvedaja)은 습기 가운데서 태어나는 것이고, 넷째 화생(化生, upapāduja)은 과거에 지은 자기의 업력에 의해 거주처가 없이 홀연히 생기는 것으로 천인天人과 지옥의 중생들이 여기에 속한다.
133 자부慈父: 부처님을 자비로운 아버지에 비유한 것이다.

반드시 죄가 멸해지고, 부처님의 명호를 부르고 염하는 사람이 얻는 복덕의 과보는 헤아릴 수 없다고 강조하고 있다. 단 염불하는 사람은 반드시 신심을 가져야 한다는 조건이 전제되어 있다.

이 믿음에 대해서는 졸고『염불의 원류와 전개사』[134]에 열거되어 있는데, 신심에 대해서는 초기 정토 경전인『대아미타경』과『평등각경』에 많이 강조되어 있다. 이 책의 저자는 초기 정토 경전과 후기 정토 경전인『아미타경』과 대행화상의 영향을 많이 받은 것 같다. 그렇게 단정하는 까닭은『아미타경』에서 "만약 신심이 있는 사람은 마땅히 저 국토에 왕생하기를 원해야 한다"와 "너희들은 마땅히 이 불가사의한 공덕을 칭찬한 것을 믿어야 한다"고 설한 것과, 대행화상이 말한 "염불 법문은 출가자·재가자·남자·여자·귀한 사람·천한 사람을 묻지 않고 오직 신심을 갖추기를 바란다"고 하는 등 신심에 대한 내용을 많이 인용하고 있기 때문이다. 또 이 책 제1 단원의 문답(제1 권신처勸信處)에서는 대행의 글을 인용하여 '염불하는 사람이 굳게 믿어야 할 내용'에 대해 다음과 같이 말하고 있다.

① 염불하면 모든 죄가 소멸된다.

---

[134] 졸저拙著『염불의 원류와 전개사』(운주사, 1998), pp.21~43에 믿음에 대한 것을 자세히 논하였기 때문에 믿음에 대한 것을 알고 싶은 사람은 참고하기 바란다.

② 염불하면 부처님의 과보를 증득한다.
③ 염불하면 모든 부처님들이 보호한다.
④ 염불하면 부처님과 보살들이 와서 맞이한다.
⑤ 염불하면 왕생할 수 있다.
⑥ 염불하면 32상을 얻을 수 있다.
⑦ 염불하면 불퇴전의 지위에 머무를 수 있다.
⑧ 염불하면 자재한 쾌락 장엄을 얻을 수 있다.
⑨ 염불하면 죽지 않는 지위를 얻을 수 있다.
⑩ 염불하면 모든 보살과 함께 반려자가 된다.
⑪ 염불하면 다시는 부처님과 헤어지지 않는다.
⑫ 염불하면 연꽃 위에 태어난다.
⑬ 아미타불이 현재 설법하신다.
⑭ 염불하여 왕생하면 다시는 삼악도에 떨어지지 않는다.

이러한 내용에 대해 염불하는 사람은 추호도 의심을 가지면 안 되고 확고부동하게 믿어야 한다는 것이다. 대행화상은 이에 대해 마음으로는 믿어야 하고, 입으로는 부처님의 명호를 외워야 하며, 몸으로는 부처님을 공경해야 한다는 등 삼업의 수행을 강조하고 있다.

이와 같이 이 책에서 대행의 문장을 자주 인용한 것은 대행화상의 영향을 많이 받아 신심에 대한 개념을 확립시켰기 때문이며, 8세기나 9세기경 중국의 정토가들이 특히 믿음(信)을 강조한 때문이 아닌가 생각된다. 이 책에서 믿음에 대해 다음과 같이 결론짓고 있다.

신심을 비유하면 마치 깊게 심은 과일나무와 같다. 나무의 뿌리가 깊기 때문에 바람이 불어도 움직이지 않고, 뒤에 과일이 열리어 사람들의 갈증을 풀어준다. 염불하는 사람도 또한 이와 같아 긴요한 것은 깊은 믿음에 의해서만이 서방에 도달할 수 있고, 등정각等正覺을 이루어 널리 모든 중생들의 액난을 구제한다. 만약 믿음이 없어 헛되면 얻을 바가 없다.

이것은 신심이 있느냐 없느냐에 대한 것으로서 염불하는 사람은 반드시 신심을 가지고 염불해야만 왕생과 무상등정각을 이룰 수 있다는 점에 역점을 둔 것이다. 이와 같은 신심은 선도대사가 이야기한, 자기의 능력을 믿는 신기信機와 정토법문을 믿는 신법信法[135] 가운데 신법에 해당된다고 볼 수 있다.

---

135 신기信機와 신법信法: 선도대사는 『관무량수경소』에서 삼심(三心: 지성심, 심심, 회향발원심)의 하나인 심심深心을 깊이 믿는 마음(深信之心)이라고 정의하면서, 자신의 근기와 교법에 대한 두 가지 깊은 신심(機法二種深心)을 다음과 같이 설명하고 있다. "첫째, 자신은 현재 죄악생사법부로서 광겁 이래 항상 침몰하고 항상 유전하여 (생사로부터) 벗어날 기연이 없음을 결정코 깊이 믿는다. 둘째, 저 아미타불께서 48원으로 중생을 접수하시니,

다음은 원願을 세우는 것이다. 제8 단원인 '서원하여 증득하기를 가르치는 문(誓願證敎門)'에서는 "염불 또한 그렇다. 요컨대 모름지기 서원을 세워야 비로소 수행을 이룰 수 있다"라고 논하고 있다. 또 "만약 서원 없이 수행하면 수행을 성취할 이유가 없다"고 하여 서원과 수행이 서로 돕는 원행상부願行相扶를 강조함으로써 염불하는 사람은 반드시 서원을 갖추어야 한다고 하였다. 원행상부는 선도와 회감이 이미 앞 시대에서 논한 것인데, 아마 그 영향을 받은 것 같다.

이상과 같이 염불하는 사람은 신심과 서원을 근본으로 하여 염불해야만 성취하기가 쉽다고 한 것이 이 책 저자들의 견해다.

셋째는 염불하는 방법이다. 먼저 염불하는 사람이 갖추어야 할 삼업三業에 대해서는 제11 단원의 염불하여 삼계를 벗어난다는 '염불출계문念佛出界門'에서 밝히고 있다.

만약 아미타불을 염하여 속히 정토에 태어나고자 하는 사람은 반드시 삼업三業을 성취해야 한다. 첫째로 마음으로는 오직 신심을 일으켜야 하고, 둘째로 입으로는 오직 아미타불을 염해야

의심과 걱정 없이 부처님의 원력을 타고 반드시 왕생함을 결정코 깊이 믿는다"는 것이다. (一者決定深信, 自身現是罪惡生死凡夫, 曠劫已來沒常流轉, 無有出離之緣. 二者決定深信, 彼阿彌陀佛四十八願攝受衆生, 無疑無慮, 乘彼願力定得往生).

하며, 셋째로 몸으로는 오직 아미타불을 공경해야 한다.

이것은 앞 대행화상의 신심을 강조한 글에서 본 바와 같이 마음으로는 신심, 입으로는 염, 몸으로는 공경하는 행위이다. 여기서 '입으로는 오직 염'이란 대행화상이 말한 '입으로는 오직 부처님 명호를 부르라'는 것과 같은 뜻으로 이해하면 될 것이다. 다시 말해 여기서 비록 염念이라고 표현하였지만 입으로 하는 작용이기 때문에 칭명염불稱名念佛이라고 볼 수 있다.

이 책에서 말한 염불은 입으로 부처님 명호를 부르는 것이다. 왜냐하면 이 문장에 이어서 나오는 글 가운데 "오직 입으로 부처님을 염하여 소리와 소리가 끊어지지 않는 것을 이름하여 염을 성취한다"라고 하였기 때문이다. 여기서 염성취念成就란 바로 칭명稱名으로 부처님의 명호를 부르는 소리와 소리가 끊어지지 않는 것이다. 이러한 예를 『염불경』에서 찾아보면 다음과 같다.

① 다만 능히 결정된 깊은 신심과 지성至誠에서 물러나지 않는 사람이 생각 생각(念念)이 끊어지지 않고, 소리와 소리(聲聲)가 이어져 부처님을 부르면 출가자와 재가자, 귀한 사람과 천한 사람, 가난한 사람과 부자인 사람, 예쁜 사람과 추한 사람, 남자나 여자, 죄가 많고 적음 등을 묻지 않고 오직 신심을 갖춘 사람만을 취한다.

②때문에 알라. 염불하는 사람이 소리와 소리가 끊어지지 않으면 낫지 못할 병이 없고, 멸하지 못할 죄가 없으며, 반드시 두려움이 없고, 또한 퇴전退轉하지 않는다.

③『관무량수경』에서 "한 입으로(一口) 아미타불을 염하면 팔십억 겁의 생사 죄가 소멸한다"라고 말씀하시었다.

보는 바와 같이 여기서 성성聲聲이니, 일구一口니 하는 표현들은 모두 칭명염불을 말한 것이다.
이 중 ③의 '염일구아미타불念一口阿彌陀佛'이란 『관무량수경』 하품하생의 "칭불명고어염념중稱佛名故於念念中 제팔십억겁생사죄除八十億劫生死罪"의 내용을 '염일구念一口'라고 의역하여 칭명으로 표현하고 있는 것이며, 이것은 출성염불出聲念佛을 강조하기 위한 것이라 볼 수 있다. 출성염불을 강조한 대목을 보자.

또 염불을 비유하면 마치 젖 먹는 어린아이가 소리 내어 울면 부모가 그것을 듣고 급히 와 구하는데 배고프면 밥을 주고, 추우면 옷을 주며, 더우면 서늘하게 해주는 것과 같다. 이것은 부모의 힘이지 어린아이가 능히 할 수 있는 일이 아니다. 염불하는 사람도 또한 이와 같아서, 오직 부처님을 염하면 부처님께서는 큰 자비로 소리를 찾아 즉시 구해주신다. 뿐만 아니라 있는 죄업을 부처님께서는 곧 멸해 주시고, 있는 병환을 부처님께서는 쾌차케 해주시며, 있는 모든 업장을 부처님께서는 물리쳐 주신다. 이것도 마치 부모가 자식을 돌보는 모습과 같다.

부모를 아미타불, 소리를 내어 염불하는 사람을 어린아이가 우는 소리로 비유하여 칭명염불을 강조하였다. 이렇게 이 책에서 출성염불을 강조한 것은 도작·선도·회감 등의 칭명과 출성염불의 사상을 받은 것이라 하지 않을 수 없다.

다음은 염불하는 사람이 마땅히 갖추고 행해야 할 것에 대해 마지막 부분인 '서방을 닦기를 권하는 열 가지(修西方十勸)'라는 항목에서 다음과 같이 말한다.

자네에게 첫째로 권하노니, 오랫동안 하는 염불은 모름지기 진실해야 하고, 부처님 말씀에 귀의하여 의심을 내지 말며, 원숭이와 같은 마음을 제압하여 방일하지 말라.
자네에게 둘째로 권하노니, 오직 염불만을 생각하고 다른 일은 하지 말며, 마음을 깨끗하게 하여 반드시 서방을 원하면 임종시에 여래 스스로가 오시니 친견할 수 있다.
자네에게 셋째로 권하노니, 부처님을 염할 때 먼저 모름지기 애착과 탐욕을 끊고, 임종 때에 마음이 깨끗하면 여래를 친견하는 데 마치 깨끗한 달빛이 푸른 못을 비치는 것과 같다.

자네에게 넷째로 권하노니, 부처님을 염할 때 마음이 흔들려 잃어버리지 않으면 임종 시에 극락세계의 보배스런 연꽃이 맞아 주며 관세음보살과 대세지보살이 함께 오신다.

자네에게 다섯째로 권하노니, 염불할 때 고통이 심하다고 하여 포기하지 말라. 오랫동안 생사에 윤회한 것을 생각하라. 다시 어떤 사람을 향하여 벗어날 길을 구하겠는가!

자네에게 여섯째로 권하노니, 염불할 때 항상 쉬지 말고 하라. 순수하고 범상한 생각으로 염하지 않으면 어느 때 생사의 지옥을 벗어날 수 있겠는가!

자네에게 일곱째로 권하노니, 염불할 때 3업을 잃지 않게 하라. 전심으로 경례하고 서방을 원하면 그곳에 가서 아미타불의 위없는 광명을 친견한다.

자네에게 여덟째로 권하노니, 염불을 닦게 가르친 것은 석가모니 부처님 법이다. 응당히 본사本師의 말씀을 따라 받들면 목숨이 다해 아미타 국토에 왕생할 수 있다.

자네에게 아홉째로 권하노니, 염불은 진실로 모든 수행 가운데 상수上首이다. 임종 시에 화신 부처님이 함께 와 맞이하며, 칠보의 연꽃으로 원을 따라 인도하신다.

자네에게 열 번째로 권하노니, 염불은 항상 모름지기 마음과 입으로 절박하게 하라. 업의 바다에서 고통받는 윤회가 깊음을 생각하니 생사에 망망하여 다하기 어렵다.

이처럼 진실한 마음, 끊이지 않는 염불, 신구의身口意 등 세 가지 업을 갖추고 다른 잡된 일, 애착하고 탐하는 마음, 동요하고 잊어버리는 것 등을 버려야 한다고 하여 염불할 때 취하고 버려야 할 것을 강조하고 있는 내용은 이 책의 저자가 얼마나 염불 수행에 역점을 두었는지 말해준다.

넷째는 1일과 7일, 일념一念과 십념十念 염불이다. 1일과 7일 염불에 대해서는 다음과 같이 말하고 있다.

①묻기를 "만약 하루만 염불하여도 정토에 왕생하는데 왜 수고롭게 7일간 해야 하는가?" 하니, 답하기를 "1일과 7일 모두 목숨을 마치려고 할 때에 정토에 왕생한다. 빠르면 1일, 늦으면 7일이다"[136]라고 하였다.
②타력他力이란 염불법문에 의거하면 『아미타경』에서 "빠르면 1일, 늦으면 7일간 아미타불을 염하면 정토에 왕생한다"라고 한 것이다.
③아미타불을 염하여 정토에 태어나기를 구하면 곧 8지 이상의 보살이 된다. 빠르면 일념과 십념이고, 늦으면 1일과 7일간 아미타불을 부르고 염하면 곧 정토에 태어난다.

---

[136] 대정장 제47권 p.122a

하루 하는 염불을 빠르다는 '질疾', 일주일간 하는 염불을 늦다고 하는 '지遲', 일념과 십념의 염불을 빠르다는 '질疾', 1일과 7일간 하는 염불을 늦다는 '지遲'라고 표현하여 염불 성취를 시간적으로 표현하고 있음을 알 수 있다. 이 1일 및 7일, 일념一念 및 십념十念 염불을 어떤 사람이 하는가에 대해서 제2 단원인 '자력문과 타력문(自力他力門)'에서 다음과 같이 말하고 있다.

묻기를, 한 가지 염불인데 일념 십념一念十念은 곧 하품하생이고, 일일칠일一日七日은 무엇 때문에 상품상생을 얻는가? 답하기를, 일념과 십념 염불은 수가 적고 또한 공덕이 적기 때문에 하품하생이고, 1일 및 7일 염불은 수가 많고 또한 공덕이 많기 때문에 상품상생이다. 또 일념 십념은 늦게 발심한 사람에 비유하고, 1일 7일은 빨리 발심한 사람에 비유한다. 그러나 일념과 십념, 1일과 7일의 염불은 모두 정토에 태어나며, 불퇴전의 지위에 머물러 바로 무상보리에 이른다.

일념과 십념의 염불은 염불하는 숫자가 적기 때문에 공덕이 적고 늦게 발심하는 사람이라 하였고, 1일과 7일 염불은 염불하는 숫자가 많기 때문에 공덕이 많아 일찍 발심하는 사람이라고 하였다.
이렇게 상품상생과 하품하생을 발심하는 것이 빠르냐 늦느냐로 구분하고, 염하는 숫자가 많으냐 적으냐로 구분하여 논한 것은 다른 논사에게서 볼 수 없는 주장으로 색다른 점이라 하지 않을 수 없다. 이와 같이 일념·십념과 1일·7일간 하는 염불이 왕생하는 데 빠르냐 느리냐로 구분하고, 또 염불하는 숫자로 구분하는 것은 『염불경』 이전에는 보이지 않는 견해이며, 이는 사람들에게 빨리 발심하여 염불을 많이 하게 하려는 방편에서 나온 것이라고 생각된다. 즉 9세기경에 정토사상이 많은 민중에게 뿌리를 내렸을 때 나온 염불사상으로 보이며, 또 그들에게 쉽게 이해시키고 권하기 위한 것이라고 생각된다. 특히 이는 소리를 내어 하는 염불로서 정토가들 사이에서 많이 행해진 방법이 아닌가 생각된다. 왜냐하면 이 책 가운데 "칭념일구아미타불稱念一口阿彌陀佛", "십구불명十口佛名", "십만구아미타불十萬口阿彌陀佛", "이십만구아미타불二十萬口阿彌陀佛"이라고 한 것은 출성염불을 말하기 때문이다. 이 책에서 이렇게 독특한 방법으로 출성염불을 주장한 것은 도작대사가 마두(麻豆: 녹두 또는 참깨)를 사용하여 칭명염불의 숫자를 헤아리게 한 것과 같은 맥락이라 할 수 있다. 즉 이 책은 도작, 선도, 회감으로 이어지는 칭명염불의 전통을 계승한 것으로 볼 수 있다.

다섯째로는 오념문五念門·사수四修·삼심三心 가운데 표현된 염불이다. 우선 이 책에서 오념문에 대해 서술한 것을 보자.

염불에 다섯 가지 문이 있는데 무엇이 다섯 가지인가? 첫째는 예배문인데 신업身業으로 아미타불께 예배하는 것이요, 둘째는 찬탄문인데 구업口業으로 오로지 아미타불의 명호를 외우는 것이다. 셋째는 작원문인데 예배하고 염불하는 공덕을 가지고 오직 극락세계에 왕생하기를 구하고 원하는 것이다. 넷째는 관찰문인데 행주좌와에 오직 아미타불을 관하고 속히 정토에 태어나려고 하는 것이다. 다섯째는 회향문인데 염불과 예배의 공덕으로 오직 정토에 왕생하여 속히 무상보리를 이루기를 원하는 것이다.

이처럼 오념문 가운데 염불이 찬탄문 속에 들어가 있다. 이것은 정영사 혜원慧遠이나 가재迦才가 첫 번째 예배문에다 염불을 둔 것과 다르게 표현한 것이다. 또한 천친이 『왕생론』에서 "구업찬탄 칭피여래명口業讚歎稱彼如來名"이라고 한 것을 "구업전칭아미타불口業專稱阿彌陀佛"이라고 달리 표현하여 적극적으로 오직 칭명염불을 강조하였다.

다음으로 사수四修를 보자.

저 경에 이르기를 네 가지 수행이 있는데, 어떤 것이 네 가지인가? 첫째는 장시수長時修로 한 번 염불하는 마음을 낸 이래로부터 곧바로 정토에 태어나 성불할 때까지 끝내 물러서지 않는 것이다.

둘째는 경처수敬處修로 똑바로 서방을 향하여 오로지 극락세계를 생각하되 자리를 옮기지 않는 것이다. 셋째는 무간수無間修로 오직 염불에 전념하되 다른 잡선雜善이 사이에 들어와 끼지 않고, 또 탐욕과 성냄의 번뇌와 잡된 악이 사이에 끼지 않는 것이다. 넷째는 무여수無餘修로 다른 잡선이 사이에 들어올 여지가 없는 것이다. 왜냐하면 잡선으로 도를 닦으려면 다겁 동안 수행해야만 이루어지는데 이는 자력이기 때문이다. 오직 전념으로 1일 내지 7일간 염불하면 곧 정토에 태어나 불퇴전의 지위에 머물러 속히 무상보리를 이룬다. 아미타불의 본원력을 타고 빠르게 성취할 수 있는 까닭에 무여수라고 이름한다.

이 사수四修는 『섭대승론석』, 『유가사지론』, 『구사론』 등에 열거되어 있는 내용이다. 그런데 여기에서 "저 경에 이르기를"이라고 하고 있는데, 저 경이 어떤 경인지 확실히 알 수 없다. 사수를 말하고 있는 것은 세 가지 논뿐이다. 이 세 가지 논 가운데 명칭이 맞는 것은 『섭대승론석』이기 때문에 저자는 이 논을 가지고 "저 경에 이르기를"이라고 말한 것이 아닌가 생각된다.

이 책이 저술되기 이전의 저서로는 선도가 지은 『왕생예찬』에서 ①공경수恭敬修란 공경한 마음으로 예배하는 것이고, ②무여수無餘修란 오로지 저 부처님의 명호를 부르는 것이며, ③무간수無間修란 계속하여 공경하고 예배하는 것과 부처님 명호를 부르고 찬탄하는 것이다. ④장시수長時修는 따로 설명이 되어 있지 않고 앞의 세 가지 수행을 맹세코 중지하지 않는 것을 말한다고 하였다.

그런데 이 책에서는 ①장시수長時修란 염불하는 마음을 한 번 내면 성불할 때까지 뒤로 물러나지 않는 것이며, ②경처수敬處修란 오로지 서방을 생각하여 움직이지 않는 것이고, ③무간수無間修란 오로지 염불에만 전념하는 것이며, ④무여수無餘修란 다른 잡선雜善이 없이 오로지 염불에 전념하는 것이라고 말하여 선도와는 약간 견해를 달리하였다. 즉 선도는 네 가지 수행 가운데 염불이 무여수에 들어가 있지만, 이 책에는 ②경처수의 "서방을 오로지 생각하여 움직이지 않는다"는 것을 제외한 삼수三修 가운데 다 염불이 들어가 있기 때문에 선도의 사상을 계승하되 염불을 더욱 많이 강조하였다고 생각된다.

다음은 삼심三心 가운데 나타난 염불이다.

어떤 것을 지성심至誠心이라 하는가? 몸으로는 오로지 아미타불에게 예배하고, 입으로는 오로지 아미타불의 명호를 부르며, 마음으로는 오로지 아미타불을 믿어야 한다. 나아가 정토에 왕생하여 성불할 때까지 뒤로 물러나지 않아야 한다. 그러므로 지성심이라 이름한다.

심심深心이란 곧 진실하게 믿음을 일으켜 오로지 부처님의 명호를 염하고 서원하여 정토에 태어나 성불할 것을 기약하되 끝까지 다시는 의심하는 마음을 내지 않아야 한다. 그러므로 심심이라고 한다.

회향발원심廻向發願心이란 예배와 염불로 쌓은 공덕으로 오직 정토에 왕생하여 속히 무상보리를 이루기를 원하는 것이다. 그러므로 회향발원심이라고 부른다.

이것은 선도가 『왕생예찬』에서 말한 것과 비교하면 표현이 조금 다르다. 즉 선도는 지성심 가운데 구업에 대해 "찬탄칭양피불 讚歎稱揚彼佛"이라고 하여 부처님을 칭송하고 찬탄함을 말했지만, 이 책에서는 "전칭아미타불專稱阿彌陀佛"이라 하여 칭명으로 바꾸어 염불을 강조하고 있는 점이다.

이상으로 살펴 본 바와 같이 『염불경』의 염불사상은 소리를 내어 하는 염불이라고 할 수 있다. 이 출성염불을 강조하기 위해 한 번·열 번·십만 번·이십만 번으로 아미타불을 부를 것을 강조하고 있는 점이 이 책의 특색이다. 물론 이와 같은 것은 도작과 선도의 영향을 받아 말법시대에 사는 사람, 또는 죄악이 있는 범부들에게 염불하게 하는 하나의 방편이라 생각된다.

이 책은 처음부터 끝까지 한결같이 염불에 대한 것만을 말하고 있는 점이 다른 정토가가 저술한 책과는 다른 점이라고 말할 수 있다. 이 또한 사람들로 하여금 염불을 하게 하기 위해서일 것이다. 더불어 이 책에서 염불공덕을 많이 열거하는 까닭도 마찬가지일 것이다. 즉 이 책에서 선도가 말한 23종의 이익,[137] 대행화상이 말한 열 가지 이익,[138] 또 여러 경전에 설하고 있는 30가지 이익[139] 등을 인용하고 있는 것은 염불의 수승함을 강조하기 위해서이며, 일반 대중들에게 출성염불(칭명염불)을 권하기 위한 것이고, 이것이 『염불경』의 본래 의도라고 생각된다.

---

[137] 앞 55쪽에 언급되어 있다.
[138] 앞 57쪽에 언급되어 있다.
[139] 앞 59쪽에 언급되어 있다.

서주 태원西舟太元

해인사 강원 대교과 및 동국대학교 불교대학을 졸업하고, 일본 교토(京都) 불교(佛敎)대학 대학원에서 석사학위와 문학박사를 취득하였다. 해인사에서 득도(은사 李智冠)하였으며, 중앙승가대학교 교수와 총장, 복지법인 승가원 이사장, 불교방송 이사를 역임하였다. 현재는 재단법인 대한불교 조계종 대각회 이사, 보국사 회주, 해인사 염불암 회주로 있다. 저서로 『정토삼부경 역해』, 『독송용 우리말 정토삼부경』, 『念佛의 源流와 展開史』, 『초기불교 교단생활』, 『왕생론주 강설』, 『정토의 본질과 교학발전』이 있고, 역서로 『정토삼부경개설』, 『중국정토교리사』, 『염불-정토에 왕생하는 길』 등이 있으며, 이외 다수의 논문이 있다.

염불경念佛鏡 역주

염불, 정토에 왕생하는 길

개정판 1쇄 인쇄 2017년 7월 7일 | 개정판 1쇄 발행 2017년 7월 17일
도경道鏡·선도善道 著 | 이태원李太元 譯著 | 펴낸이 김시열
펴낸곳 도서출판 운주사

(02832) 서울시 성북구 동소문로 67-1 성심빌딩 3층
전화 (02) 926-8361 | 팩스 0505-115-8361
ISBN 978-89-5746-492-2 03220   값 12,000원
http://cafe.daum.net/unjubooks 〈다음카페: 도서출판 운주사〉